rororo sport
Herausgegeben von
Bernd Gottwald

Joel Rappelfeld

IN-LINE-SKATING ROLLERBLADING

Deutsch von Manuela Heise
(Fachliche Beratung Hardy Puttkammer)

Rowohlt

5. Auflage Januar 2001

Deutsche Erstausgabe
Veröffentlicht im Rowohlt Taschenbuch Verlag GmbH,
Reinbek bei Hamburg, August 1994

Die amerikanische Originalausgabe erschien unter dem Titel
«The Complete Blader» bei St. Martin's Press, New York

Umschlaggestaltung Peter Wippermann / Jürgen Kaffer
(Foto: Walter Fogel)
Layout Tina Sicker
Illustrationen Kathleen M. Skelly
Redaktion Sven Brouwers
Satz Sabon und Frutiger Linotype Library,
QuarkXPress 3.2
Gesamtherstellung Clausen & Bosse, Leck
Printed in Germany
ISBN 3 499 19433 3

Inhalt

Einleitung

Stell dir vor, du fährst mit deiner eigenen Geschwindigkeit herum und spürst den Wind im Gesicht, der Himmel über dir – ein vollkommenes Gefühl von Freiheit. Das ist das Gefühl, das ich habe, wenn ich auf meinen In-Line-Skates stehe. Mit diesem Buch möchte ich meine Liebe und mein Wissen über das Eis- und Asphalt-Skating weitergeben.

Vor einigen Jahren hing ich meine konventionellen Roller-Skates an den Nagel, als ich mein erstes Paar In-Line-Skates bekam. Nach mehr als fünfzehn Jahren auf den Konventionellen erfuhr ich, wieviel beweglicher die In-Line-Skates auf der Straße sind. Die meiste Zeit verbrachte ich mit dem Training und der Entwicklung von Techniken, die ich leicht vom Eis- und Rollschuhlaufen (Roller-Skater) übertragen konnte. Nachdem ich einige Jahre experimentiert und mich mit einigen der Topathleten beraten hatte, erfand ich ein Anleitungssystem, das aus beidem das Beste kombiniert.

Der Unterricht besonders mit den zahlreichen Anfängern hat mich gelehrt, die Bedürfnisse eines Schülers zu analysieren und ihm oder ihr zu helfen, sich auf den Skates wohler zu fühlen und Erfahrungen zu sammeln. Nach ein oder zwei Unterrichtsstunden sind viele der Schüler «Roadies» wie ich geworden, die selten ihre Skates ausziehen.

In New York, wo ich aufgewachsen bin und nach wie vor lebe, ist starker Automobil- und Fußgängerverkehr an der Tagesordnung. Dadurch ist mir klargeworden, daß Sicherheit und Aufmerksamkeit im Verkehr nicht nur einfach das lästige Befolgen von Regeln bedeutet, sondern entscheidend fürs Überleben ist. Ich lernte, und zwar auf die harte Tour, daß ich einen Verkehrsstau nicht einfach ignorieren darf. Nachdem ich die vermeintliche Behaglichkeit auf den Straßen einmal zu spüren bekommen hatte, lernte ich die Parks und gesperrten Fahrwege als Oasen in einem Meer von Metall, Glas und Maschinen zu schätzen. Hügel wandelten sich von furchterregenden Hindernissen zu angenehmen Herausforderungen; flache Straßen schienen für mich gemacht, und ich konnte sie so richtig genießen.

Ich vertraue auf deinen Enthusiasmus: Das Skating draußen wird dein Leben so erfüllen wie meins schon seit Jahren.

Die Geschichte des Skate

Wir sind eine Gesellschaft von fanatischen Gesundheitsanbetern. Joggen, Skilaufen, Radfahren und eine Unmenge anderer Sportarten haben den durchschnittlichen «Chipsfresser und Faulenzer» vom Sofa geworfen und auf die Straßen gestellt. Permanent werden uns neue Bewegungsarten und Trainingsmethoden vorgestellt. Einige davon sind Teil unseres Lebens geworden, andere sind auf Nimmerwiedersehen verschwunden. Skating gab es schon lange, bevor Aerobic für uns eine alltägliche Vokabel wurde.
Eislaufen stammt schon aus dem 10. Jahrhundert n. Chr., als die Nordländer des Mittelalters sich Kufen aus Knochen an ihre Füße banden und über eisige Flächen flogen. Aber als das Eis schmolz, wurden die Gleiter nutzlos; tatsächlich hielt man sie für verdammt gefährlich.
Erst Mitte des 17. Jahrhunderts erfand der gebürtige Belgier Joseph Merlin die Rollschuhe. Als leidenschaftlicher Schlittschuhläufer und Erfinder schloß er messerscharf wie seine altehrwürdigen Vorgänger, daß Schlittschuhlaufen bei warmem Wetter einfach unpraktisch war. Seine Idee, hölzerne Rollen unter seine Schuhe zu montieren, mutete einmal wie ein Geniestreich an. Er mußte jedoch feststellen, daß er mit diesen Untersätzen weder anhalten noch wenden konnte. Seine Idee machte also eine schnelle Bruchlandung und wurde für fast hundert Jahre eingemottet.
Im neunzehnten Jahrhundert, dem Zeitalter der mechanischen Räder, wichen die Pferdekutschen den Automobilen, während selbstangetriebene Vehikel wie Fahrräder und Rollschuhe an Popularität gewannen. Am 22. April 1823 gestaltete Robert John Tyers aus London den ersten In-Line-Skate. Sein «Rolito» bestand aus jeweils fünf Rädern in einer Reihe, die er auf seinen Schuhsohlen befestigte. Dieser Entwurf galt als etwas schrullig und wurde einige Zeit nicht ernst genommen. Vierzig Jahre später, 1863, kreierte J. L. Plimpton aus New York einen vierrädrigen Rollschuh: Auf einer Platte brachte er vorne und hinten je ein Paar Rollen an. Gummipolster dienten zur Steuerung. Später fügte man in die Rollen Kugellager ein. Durch den Wechsel von Stahl zu Mischmaterial rollten die «Skates» zusätzlich leichter und ruhiger. Glücklicherweise blieben Mr. Tyers unfertige und lustige Rollschuhe mit «fünf-Rädern-in-einer-Reihe» nicht vergessen. Wenn die Kanäle

geschmolzen waren und das Schlittschuhlaufen unmöglich wurde, benutzte man in den Niederlanden «Skeeler» als Fortbewegungsmittel auf trockenem Land, die über zwei Jahrzehnte lang in Wettkämpfen und für den Transport genutzt wurden. Die In-Line-Idee kam schließlich 1980 in die USA. Scott und Brennan Olson aus Minneapolis übernahmen die Grundidee. Sie gingen dabei vom Eishockeystiefel aus und erfanden das, was wir heute als Skating kennen. Seit dieser Zeit hat fast jeder herkömmliche Hersteller von Roll- oder Schlittschuhen In-Line-Skates in sein Produktprogramm aufgenommen, andere ziehen ziemlich schnell nach.

An der steigenden Popularität des Sports kamen auch die Rollsport-Veranstalter nicht mehr vorbei. Sie übernahmen das In-Line-Konzept, wenn auch mit einigen Vorbehalten, in das Angebot athletischer Wettkämpfe wie Schnellauf, Hockey und Kunstlauf, das vorher ausschließlich von konventionellen Rollschuhen dominiert wurde. 1990 wurde Skating bei den panamerikanischen Spielen aufgenommen, und ich bin überzeugt, daß wir In-Line-Skating bei der Olympiade 1996 als ein Wettkampfereignis erwarten können.

Weit wichtiger aber sind die mehr als zwei Millionen In-Line-Skates, die nur darauf warten, angeschnallt und ausgeführt zu werden. Deine gehören wahrscheinlich dazu. Nimm deine Chance wahr und werde Teil der Geschichte! Los geht's!

1 Equipment

Roller-Skates haben einen langen Weg seit dem 17. Jahrhundert hinter sich. Moderne Technologie hat die ersten Metallgebilde, die man mit einem Extra-Schlüssel an Schuhen und Stiefeln befestigte, in leichtgewichtige, schnell rollende Maschinen verwandelt.
Es gibt Dutzende von Herstellern von In-Line-Skates, und jeder produziert leichte Varianten. Aber für unsere Zwecke werde ich beschreiben, worauf man bei den bekanntesten heutzutage erhältlichen Modellen achten sollte und was das beste für jeden Käufer ist.

Der In-Line-Skate

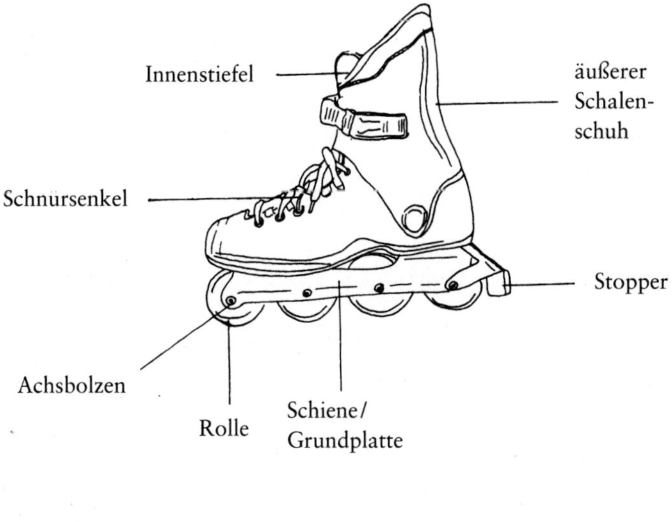

Bestandteile des In-Line-Skate

Grundsätzlich besteht jeder Skate aus folgenden Einzelteilen:

1. Schalenschuh: Abhängig vom jeweiligen Hersteller besteht der Schalenschuh aus gegossenem Polyurethan (oder anderem Plastikmaterial), Leder oder einer Kombination von beidem. Der Stiefel darf wegen seiner Stützfunktion für den Knöchel nicht zu weich oder nachgiebig sein. Es gibt Stiefel mit Schnürsenkeln, Schnallen oder Klettverschlüssen. Die Schnelligkeit des Verschließens sollte kein Auswahlkriterium darstellen. Weit wichtiger ist die Bequemlichkeit.

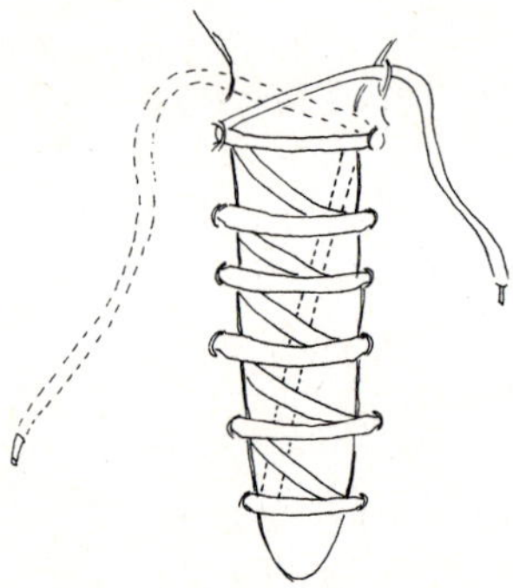

Schnürsenkel-Diagramm

2. Schaumgepolsterter Innenstiefel oder Innenfutter: Je dünner das Innenfutter ist, desto leichter entstehen Reizungen und Schwielen. Die etwas teureren Skates haben ein Innenfutter aus elastischem Schaum, der sich dem Fuß beim Tragen anpaßt und eher fersenverstärkend wirkt oder Schutz bei Stürzen bietet.

3. Schiene / Grundplatte: Normalerweise hergestellt aus glasfaserverstärktem Nylon, Aluminium oder einem Gemisch. Die Schiene der billigeren Skates ist flexibler und bietet daher weniger Stabilität. Wer schwergewichtig ist, wem es auf Schnelligkeit ankommt, wer Trick-Skaten oder Springen will, benötigt eine stabilere Grundplatte. Dreh sie, um die Verbindung zu testen. Je weniger sie sich drehen läßt, desto besser.

4. Polyurethan-Rollen: Rollen variieren in Härte (Durometer) und Größe (Diameter). Je nach Beschaffenheit der Straßen und deiner Art zu skaten (Schnelligkeit oder Trick), können die Rollen entscheidend für die Durchführung sein. Anfänger sollten sich keine Gedanken über die Rollenbeschaffenheit machen. Sie werden ohnehin feststellen, daß die Qualität der an den Skates befestigten Rollen im direkten Verhältnis zu den Gesamtkosten steht. Montierst du jedoch hochwertigere Rollen an deine Skates, wirst du feststellen, daß weiche (Durometer – 78 A oder weniger) bei extrem heißem

Wetter an der Straßenoberfläche haften, bei geringeren Temperaturen aber schneller rollen. Größere Rollen (Diameter – 76 mm +) bringen größere Geschwindigkeiten, geben aber weniger Halt, weil sie sich weiter über dem Boden befinden.

5. Kugellager: Wie es auch mit jedem anderen Teil des Skate ist, man bekommt das, wofür man bezahlt. Schwächere Kugellager (bei billigen Skates) laufen schwerfällig, schlagen schneller aus und nötigen den Skater, härter zu arbeiten. Gute Ausführung oder Markenlager, die man bei Schnellauf- und den besseren Vierrollen-Modellen findet, laufen leichter und erlauben dem Skater, Technik und Fähigkeit zu entwickeln.

6. Spacer = Distanzstück: In-Line-Skates haben zwei Kugellager pro Rolle, getrennt von einem Distanzstück. Dieser Spacer besteht entweder aus Plastik oder Metall und befindet sich zwischen den Kugellagern im Zentrum der Rolle, um zu verhindern, daß die beiden Kugellager in Kontakt kommen.

7. Stopper: Aus festem Gummi oder Polyurethan, die Form differiert je nach Hersteller. Das wichtigste beim Stopper ist, ihn nicht abzumontieren, sondern zu benutzen.

Wie finde ich den richtigen Skate?

Man muß kein Ingenieur sein, um für sich den richtigen Skate zu finden. Allerdings sollte der Kauf gut vorbereitet sein. Analysiere deine Bedürfnisse und Grenzen. Ein Skate sollte nicht nur den eigenen Füßen angemessen sein, sondern auch dem eigenen Lebensstil und den finanziellen Möglichkeiten entsprechen.
Die folgende Checkliste soll dir als Orientierungshilfe dienen, damit du deine persönlichen Skate-Bedürfnisse besser einschätzen kannst.

- Will ich die Skates zum bloßen Vergnügen haben, oder möchte ich auch an Wettkämpfen teilnehmen? (Wettkampfskates sind von hoher Qualität und teurer.)
- Wie häufig werde ich laufen? (Warum ein Vermögen ausgeben für etwas, das nur gelegentlich genutzt wird?)

- Was geben meine Finanzen her? Die Kosten für ein Präzisionskugellager sollten unbedingt einkalkuliert werden!
- Werden meine Füße noch wachsen? Kids wachsen aus Skates häufig viel zu schnell heraus. Dann sollte man lieber eine halbe bis zu maximal eine ganze Größe größer kaufen und Einlagen oder dicke Socken tragen oder die Spitze mit einer Socke oder einem Tuch ausstopfen. Einige Modelle haben äußere Hüllen, die sich besser anpassen können als ein Innenfutter in einer Größe. Auf diese Art können Kids länger mit ihren Skates laufen.

Jedes Geschäft, das Skates verkauft, ist dafür verantwortlich, seine Kunden umfassend über In-Line-Skating zu informieren. Das schlimmste, was dir als Käufer passieren kann, ist mangelhafte Beratung. In einem Geschäft deines Vertrauens sollte der Verkäufer daher die folgenden Fragen alle mit «Ja» beantworten:

- Enthält das Angebot auch Präzisionslager?
- Wenn ich ein Problem mit dem Skate oder seiner Paßform habe, kann mir geholfen, ein Austausch vorgenommen werden?
- Bekomme ich hier einzelne Ersatzteile wie Kugellager, Rollen, Schnürsenkel, Klebestreifen etc.?
- Werden gebrauchte Schuhe in Zahlung genommen? (Sehr häufig verleihen oder verkaufen Läden gebrauchte Skates und begrüßen den Tauschhandel, wenn ein neues Paar gekauft wird.)
- Werden die Leihgebühren dann im Falle eines Neukaufs verrechnet?

Du bekommst das, wofür du zahlst. In-Line-Skates können im Preis variieren von 300 bis über 1000 Mark. Im allgemeinen ist es so, daß Skates von schlechterer Qualität mit schwächeren Kugellagern ausgestattet sind, mit schlechteren Rollen und die dünnen Plastikstiefel kaum Knöchelunterstützung geben. Solche Skates frustrieren nur und behindern das Lernen und Ausprobieren. Die Rollen nutzen sich schneller ab. Und die unzureichenden Kugellager verringern mögliche Geschwindigkeiten. In den Ohren eines Anfängers, der versucht, seine Geschwindigkeit zu kontrollieren, wenn er einen Hang hinabsaust, mag das großartig klingen. Doch jede Erhebung hat nicht nur einen Abhang, sondern auch eine Steigung, und diese mit minderwertigen Skates zu meistern, bedeutet harte Arbeit und schnelle Ermüdung. Gleich ein besseres Modell zu kaufen ist letztendlich billiger als ein günstigeres, bei dem du dann nicht ohne zusätzliche bessere bis höherwertige Rollen und Kugellager auskommst. Mit anderen Worten, kauf kein billiges Zeug!

Paßform: Die meisten Hersteller richten sich nach der Größenvorgabe für Herrenschuhe. Mädchen und Frauen sollten daher in der Regel eineinhalb Größen abziehen. Die Hersteller fangen gerade erst an, auch Damengrößen herzustellen, die etwas enger geschnitten sind. Zur Anprobe von In-Line-Skates ist es sinnvoll, dünne bis mittlere Baumwoll- oder Polypropylen-Socken mitzubringen. Dicke Wollsocken werden sich in den Stiefeln nur zusammenkrumpeln und unnötige Falten und Druckstellen produzieren.

- Der Stiefel sollte bequem sitzen, nicht zu eng sein. Der Fuß darf sich im Stiefel seitlich nur wenig oder kaum bewegen lassen.
- Fersen- und Spannschutz sollten ordentlich gearbeitet sein. Die Ferse darf bei geschnürtem Stiefel und im Stehen höchstens einen Spielraum von gut einem Zentimeter haben.
- Die Zehen sollten flach im Stiefel liegen, mit ausreichend Platz zum Wackeln, und nicht an die Spitze des Innenstiefels stoßen.
- Die Stulpen oder der Knöchelschutz sollten ebenfalls gut gearbeitet sein. Schnallen oder Schnürsenkel sollten zum weiteren Schutz festgemacht werden (selbst um den Knöchel). Mit zusätzlichen Power-Straps (wie Büchergurte) können die Stulpen fester sitzen.
- Es darf nichts weh tun! Der Schalenschuh ist für gewöhnlich aus Hartplastik gemacht. Das einzige, was tatsächlich brechen kann, ist die Widerstandsfähigkeit des Benutzers, die damit endet, daß er seine unbequemen, drückenden Skates in die Ecke wirft.

Mit Ausnahme von Schnellauf- oder Speed-Skates mit normalerweise fünf Rollen haben die kleineren Schuhgrößen vielleicht nur drei anstelle der vier üblichen Rollen. Sei unbesorgt deswegen. Du hast eben einfach kleine Füße. Deine Skating-Fähigkeit bleibt davon unbeeinträchtigt.

Lang oder kurz: Fährst du für gewöhnlich einen Vier-Zylinder, dann steig aus und schieb. Noch bist du nicht soweit, einen Rennwagen fachgerecht zu steuern. Dasselbe gilt für In-Lines. Wenn du nicht darauf erpicht bist, Rennen zu laufen, sondern einfach ein Skater aus Spaß und zur Erholung bist, der überall läuft (Straßen, Parks, Parkplätze), wozu brauchst du dann die Schnellaufskates mit fünf Rollen? Sie haben zwar eine längere Kufe, was bei hoher Geschwindigkeit besseren Halt und Antrieb bietet, aber vier Rollen sind viel vorteilhafter beim schnelleren Übersetzen in Kurven und machen insgesamt mehr Vergnügen.

Schutzausrüstung

Skating ohne Schutzausrüstung ist wie Springen aus einem Flugzeug ohne Fallschirm. Es gilt in jedem Fall, sich selbst vor dem «Mir wird das schon nicht passieren»-Irrtum zu schützen. Auch wenn man wie ein Polizeiroboter auf Rädern aussieht, Schutz ist das A und O. Helm, Handgelenk-, Knie- und Ellbogenschützer gehören zu der Grundausstattung eines jeden Skaters. Die folgende Aufschlüsselung gibt Punkt für Punkt an, worauf du achten solltest.

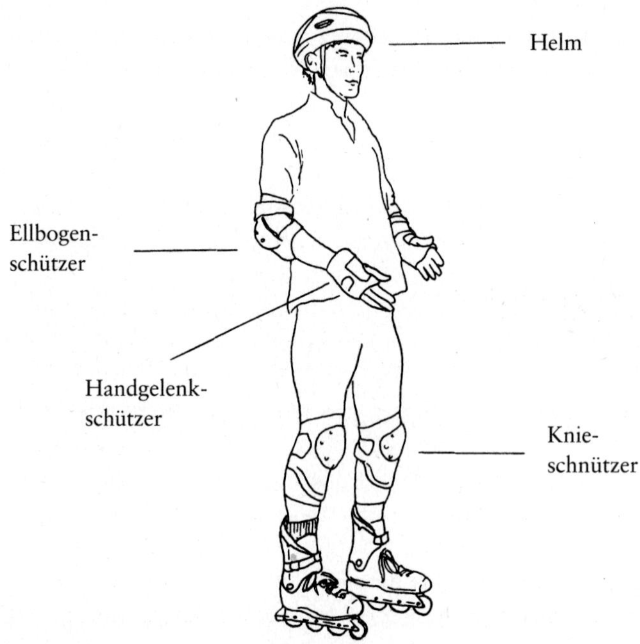

Schutzausrüstung

1. Helm: Aus ganz offensichtlichen Gründen ist es wichtig, den Kopf beim Aufprall auf dem Boden zu schützen. Dein Schädel, egal für wie hart du ihn auch immer halten magst, ist äußerst empfindlich. Stell dir ein Ei vor – nun, du weißt schon, was ich meine. In Fahrradläden und Spezial-Skate-Geschäften wird die beste Auswahl an Helmen angeboten. Entweder sind sie aus Styroschaum oder Schaum mit einer geschichteten Schale hergestellt. Achte darauf, daß der Helm dem Sicherheitsstandard entspricht. Wähle den Helm, der am besten sitzt und ordentlich und sicher bei Stürzen ist. Je leichter der Helm, desto geringer ist die Nackenbelastung. Doch die leichteren Helme haben meist eine kürzere Lebensdauer, wenn du häufig auf den Kopf fällst. Aber dann gilt dasselbe für dich selbst!

2. Handgelenkschützer: Unabhängig von deiner Beweglichkeit oder Trainiertheit, auf die Hände zu fallen verursacht immer Schmerzen. Handgelenkschützer bewahren sowohl die Handflächen als auch die Handgelenke vor Schrammen, Verstauchungen oder Brüchen. Normalerweise haben sie eine Hartplastik-Schutzschiene, die von der Handinnenfläche zum Gelenk verläuft. Sie sollten locker genug sitzen, damit du bei kaltem Wetter auch dünne Handschuhe darunter tragen kannst.
Tip: Denk daran, wegen des richtigen Sitzes bei der Anprobe der Handgelenkschützer die Armbanduhr abzunehmen. Es ist sowieso besser, die Uhr beim Skaten zu Hause zu lassen. Bei einem Sturz könnte der Aufprall der Uhr auf dem Handgelenk Verletzungen hervorrufen.

3. Knie- und Ellbogenschützer: Kniescheibe und Ellbogen reagieren empfindlich auf Stürze. Warum es also darauf ankommen lassen? Die besten Schützer bestehen aus einem auf der Haut aufliegenden Stoffkissen, das mit einer Hartplastikkappe, dem Cap, nach außen gesichert ist. Normalerweise werden die Schützer mit Klettverschlüssen befestigt, manchmal auch mit einem elastischen Gummiband. Sie sollen dabei weder so festgezogen werden, daß die Blutzirkulation behindert wird, noch so lose sitzen, daß sie beim Laufen herunterrutschen. Einige Hersteller bieten Knieschützer mit extrem großen Plastikkappen an, von denen beim Schnellauf abzuraten ist, da sie die Beinfreiheit einschränken. Bei Half Pipes, Rampen und beim Streetstyle erweisen sie sich als außerordentlich nützlich.
Tip: Stört dich das Gummiband, schneide es einfach ab und befestige die Schützer mit Klettverschlüssen.

4. Reflektierendes Band: Absicht oder nicht, eines Tages läufst du doch plötzlich draußen im Dunkeln. Um von der Nacht nicht geschluckt zu werden, solltest du reflektierendes Band kaufen und an deinen neuen Skate-Stiefeln befestigen. Diese leicht abzuziehenden und doch fest klebenden Abziehbänder gibt es in verschiedenen Farben und Größen, man kann sie also ganz nach persönlichem Geschmack aussuchen. Kleb sie auf die Rückseite, an die Seiten, möglichst überallhin.

5. Hautschutz: Egal wie bequem deine Skates sind, nach einem langen Tag auf Rollen sind Schwielen oder Druckstellen nichts Ungewöhnliches. Du solltest immer Pflaster, Verbandzeug und/oder Leukosil dabeihaben, um weiteren Reizungen der betroffenen Stellen vorzubeugen. Für die Versorgung von Schürfwunden nach einem Sturz könnten sich auch einige sterile Kompressen als nützlich erweisen. Eine nicht behandelte Schürfwunde kann zu einer Infektion führen.

2 Skate-Check und Wartung

Als stolzer Besitzer von In-Line-Skates mußt du dich davon überzeugen, daß deine Skates richtig eingestellt und straßenreif sind. In diesem Kapitel gebe ich einige Tips für das Probelaufen und die allgemeine Skate-Wartung.

Skate-Check

Bevor du gleich loslegst, solltest du folgendes tun:

1. Setz dich hin und nimm deine Skates mit den Rollen nach oben zwischen die Beine. Achte darauf, daß sie sauber sind, damit du dich nicht schmutzig machst.
2. Wackel an jeder einzelnen Rolle, um sicherzugehen, daß sie keinen Spielraum zur Seite hat. Einen losen Achsbolzen befestigst du mit dem vom Hersteller mitgelieferten Imbus-, Steck- oder Maulschlüssel.
3. Probiere, ob jede Rolle ruhig und glatt läuft. Achte auf jedes Schleifen. Hörst du etwas, dann könnte es sein, daß die Kugellager gereinigt oder ausgewechselt werden müßten (siehe «Reinigung»).
4. Sieh dir das Stopperteil an. Einige lassen sich einschrauben, andere haben Bolzen an der Seite oder in der Mitte. Bewege den Stopper. Sitzt er lose, dann befestige ihn. Ist er abgelaufen, ersetze ihn. Es ist ratsam, den Stopper auszuwechseln, bevor er bis zum Metall abgelaufen ist, denn dann müssen die Bolzenköpfe herausgedreht und der Stopper abgesägt werden. Das kostet Zeit und ist mühsam.
5. Deine Schnürsenkel und/oder Schnallen solltest du bei jedem Tragen und Ziehen überprüfen.

Wartung

Ordentlich gewartete Skates haben eine lange Lebensdauer und lassen sich leichter und ruhiger fahren.

Umsetzen der Rollen

Das Rotieren der Räder: Abhängig vom persönlichen Körpergewicht, dem jeweiligen Skate-Stil und den Straßenbedingungen wirst du ziemlich bald merken, wenn die Rollen auf der Innenkante (die Rollenkante, die auf die Fußinnenseite zeigt) unausgewogen laufen. Das rotierende Umsetzen der Rollen garantiert längere Haltbarkeit.

1. Setz dich hin, die Skates mit den nach oben gerichteten Rollen zwischen den Beinen.

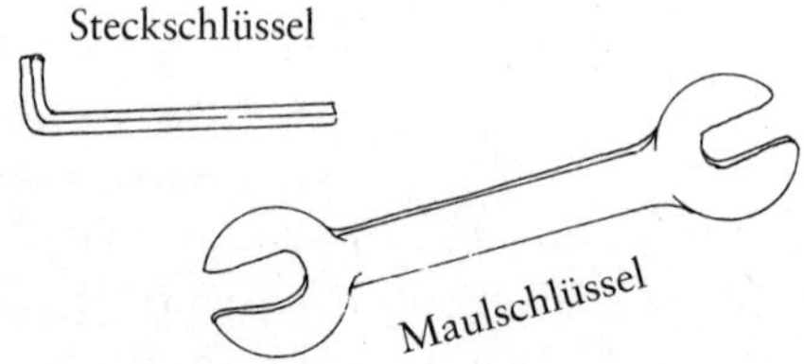

Werkzeug

2. Mit dem Imbus-, Steck- oder Maulschlüssel, vom Hersteller mitgeliefert oder vom Skate-Laden vorgeschlagen, schraubst du die Achsbolzen los und legst die Rollen beiseite, so als wolltest du sie auswechseln. Erste Rolle, zweite etc.
3. Die vorderste Rolle wird die hinterste, so daß alle anderen Rollen eine Position nach vorne rücken. Achte darauf, daß wirklich jede Rolle einen neuen Platz erhält, so daß nun die abgefahrenen Kanten nach außen zei-

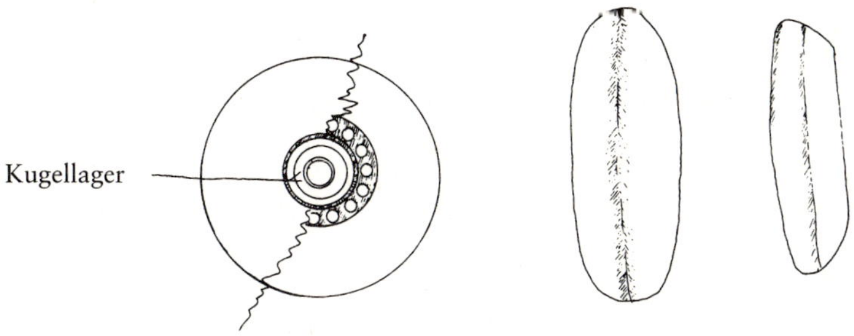

Schnitt durch eine Rolle **neue Rolle** **abgelaufene Rolle**

gen. Ich finde es leichter und weniger verwirrend, wenn sich die Beschriftung auf den Rollen jeweils auf einer Seite befindet, entweder innen oder außen. Setzt du die Rollen ungleichmäßig um, dann werden sie holperig laufen.

4. Jede Rolle/jeder Achsbolzen sollte bis zum Anschlag festgedreht werden. Zuerst werden alle Rollen festgedreht, dann wird jeder Achsbolzen vorsichtig justiert. Teste jede Rolle. Sie müssen sich alle gleich lang drehen.

Viele Fabrikate verfügen über eine Einkerbung im Rahmen, mit deren Hilfe die Rollen «gewippt» werden können. Das bedeutet, daß die mittlere(n) Rolle(n) runtergestellt (oder die jeweils vorderste und hinterste Rolle hochgestellt werden (kann) können. Das ergibt eine eher kurvige Rollenlinie wie bei den Eiskunst- oder Eishockeyschuhen, die dem Skater schnellere Drehungen, Kurven und Richtungsänderungen erlaubt. Beim Abnehmen der Rollen solltest du auf die Löcher der mittleren Rollen achten, durch die die Bolzen gesteckt werden. Wenn es dort eine abnehmbare Blende gibt, prüfe, ob es dort ein Loch gibt, das nicht mittig ausgerichtet ist. In dem Fall sollte die Rolle abgenommen, umgedreht und wieder eingesetzt werden. Das Loch in der unteren Position läßt die Rollen zu einer Kurve herab. Häufig können die hinteren Rollen abgenommen werden, um so die Rollenbasis zu verlängern; dann solltest du wie oben beschrieben verfahren.

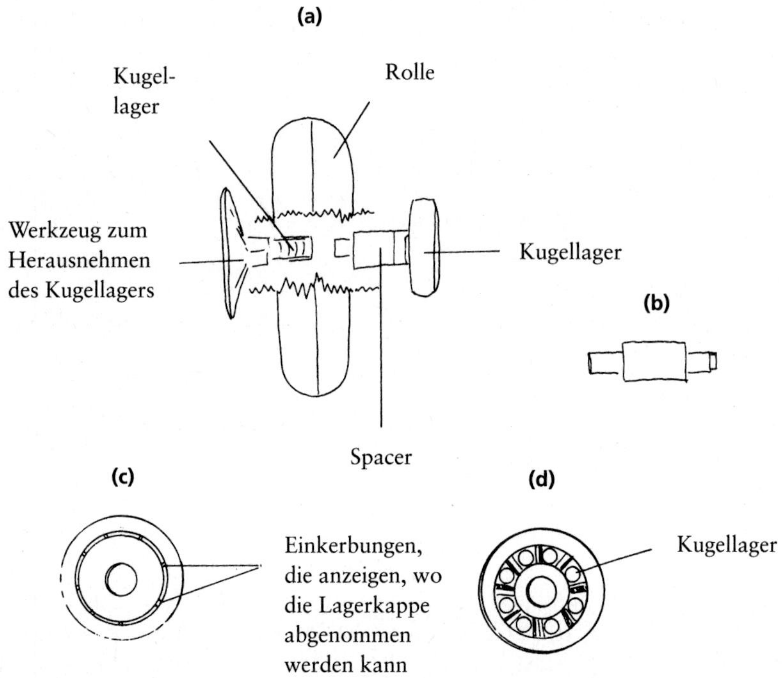

(a) Bestandteile der Rolle, (b) Spacer, (c) Kugellager, (d) Das Innere des Kugellagers

Säubern und Ölen der Lager: Verschmutzte Lager hemmen die Geschwindigkeit, und mit der Zeit gehen sie kaputt. Sie sind zu teuer, um häufig ersetzt zu werden. Am besten reinigst du sie sofort, wenn eine Rolle nicht ungehindert rollt oder ein schleifendes oder knirschendes Geräusch zu hören ist. Auch wenn die meisten Lager versiegelt sind, Schmutz, Staub, Sand und Feuchtigkeit abweisen sollten, dringt doch unvermeidlich etwas nach innen. Sobald ein Lager schmutzig ist, sollte es nur mit einem sauberen Papiertuch gereinigt werden. Besser allerdings ist es gewöhnlich doch, alle Rollen abzunehmen und zu reinigen. Das ist eine ziemlich schmierige Angelegenheit, aber einer muß es schließlich tun – nämlich du. Ein Tip für die Faulen: Einige Skate-Läden bieten einen Rollenwechsel- und Lagerreinigungs-Service an. Aber ist es nicht ein angenehmeres Gefühl, selbst praktische Erfahrung zu sammeln? Doch denk daran, wenn du irgendwelche chemischen Substanzen benutzt, immer eine Schutzbrille zu tragen.

1. Nimm die Rollen ab.
2. Die Lager mit dem vom Hersteller beigefügten Werkzeug herausnehmen, sei dabei vorsichtig, den Spacer nicht zu beschädigen oder kaputtzumachen.
3. Leg die Lager auf einem Papiertuch ab.
4. Möglichst an der frischen Luft, zumindest aber keinesfalls in einem geschlossenen Raum, tauchst du dann die Lager in einen Fettlöser oder sprühst sie ein. Das Mittel sollte in der Regel eine halbe Stunde wirken. Verwendest du ein Sprühmittel, dann legst du anschließend die anderen Seiten nach oben und wiederholst die Prozedur. Du wirst dich wundern, wieviel Schmutz auf dem Papiertuch bleibt.
5. Den übrigen Schmutz wischt du dann mit einem Papiertuch ab.
6. Dann träufelst du je einen Tropfen möglichst leichtes Nähmaschinenöl oder Lageröl auf jedes Lager und läßt es einige Minuten einziehen. Wisch dann jedes Lager nochmals ab.
7. Halte das Lager weg von deinem Gesicht, steck Daumen und Zeigefinger in das Loch und dreh das Lager einige Male, bis es sich frei und ohne ein Schleifgeräusch bewegt.
8. Nun leg die Lager in die Rollen zurück. Denk dabei auch daran, den Spacer zwischen die jeweils zwei Lager pro Rolle zu legen. (Einige Rollen haben eingebaute Spacer.)
9. Befestige die Bolzen wie oben beschrieben.

Die teureren Präzisionslager sind beim Kauf dick eingeschmiert und müssen vor der Benutzung gereinigt werden. Vergißt du das, dann wird die Rolle sich schwer drehen. Bessere Lager haben auch eine herausnehmbare Laufrille (Käfig im Kugellager) oder einen Sicherungsverschluß (entweder aus Plastik oder Metall) zur leichteren Reinigung. Die Laufrolle läßt sich mit der Spitze eines Messers herausnehmen oder mittels einer in eine der Nuten an der Innenseite des Lagers gesteckten Ahle oder eines Schraubenziehers. Reinigen wie oben beschrieben. Das Hauptproblem beim Herausnehmen der Laufrillen könnte die Luft sein, der die Kugeln ausgesetzt werden. Die Reinigungsprozedur muß also viel schneller erfolgen. Du solltest immer besonders darauf achten, daß die offene Seite der Lager auf das Innere der Rolle zeigt, dadurch können sie sauberer gehalten werden.

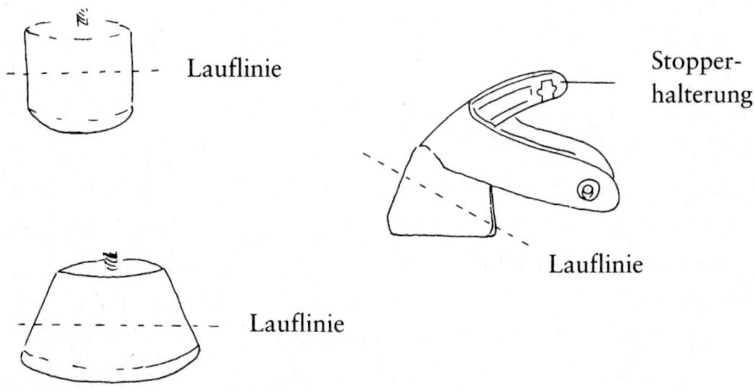

Stopperteil und Stopper

Das Auswechseln des Stopperteils: Verschiedene Hersteller benutzen verschiedene Stoppertypen: zylindrische und quadratische. Mit einem leicht abgenutzten Stopper läßt es sich effizienter bremsen. Ist er aber erst einmal bis unter die Halbmarkierung abgefahren, dann wird es höchste Zeit:

a) dreh den runden Stopper um, so daß unten wieder mehr Gummi zur Verfügung steht,

b) wechsele ihn aus, wenn es sich um einen quadratischen handelt.

Abhängig davon, wie der Stopper an der Grundplatte angebracht ist, löst du den Bolzen, a) drehst den Stopper um und sicherst ihn wieder oder b) ersetzt den alten Stopper durch einen neuen und sicherst ihn. Achte darauf, daß der Bolzen fest sitzt, probiere es aus, indem du den Stopper hin- und herwackelst, bevor du dich auf die Straße begibst.

3 Körperhaltungen

In dem ganzen Buch werde ich häufig auf diese verschiedenen Körpergrundhaltungen (inklusive Fußstellungen) Bezug nehmen. Mach dich mit ihnen vertraut, damit du deine Bewegung nicht unterbrechen mußt, nur um zurückzublättern.

1. **Nase, Knie, Zehen:** Bei der grundlegenden Gleichgewichtshaltung des In-Line-Skating sind Nase, Knie und Zehen in einer geraden Linie senkrecht ausgerichtet.
2. **Die Ausgangsposition der Füße ist parallel und gerade.** Sie sind dann in die gleiche Richtung ausgerichtet, haben den gleichen Abstand zueinander, und die Zehen oder vorderen Rollen der Skates befinden sich ungefähr auf einer Höhe.

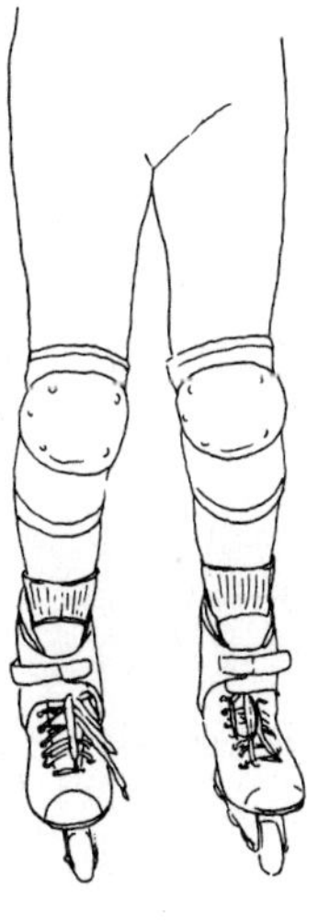

Parallelposition der Füße

Rolleninnenkantenposition

3. **Kanten:** Der Punkt, an dem die Rolleninnen- oder -außenflächen mit dem Boden Kontakt haben.
   Innenkante: Die Haltung der Rollen, wenn die Knöchel nach innen gewandt zum Körper hin kippen; eine Haltung wie die der X-Beine.
   Außenkante: Die Haltung, wenn die Rollen nach außen, vom Körper weg, kippen; O-Bein-Haltung

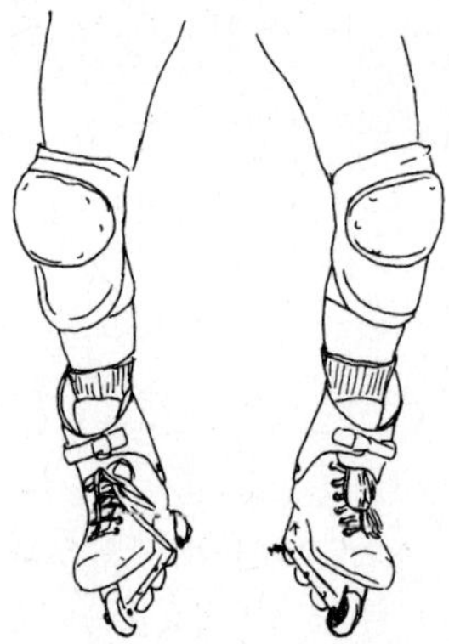

Rollenaußenkantenposition

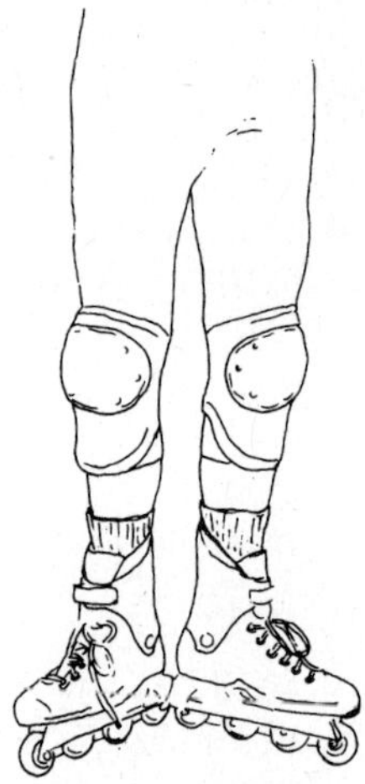

V-Grundposition

4. **V-Grundposition = Pause:** Wenn die Füße mit aneinanderstoßenden Hacken und den jeweils seitlich nach außen gerichteten Fußspitzen im Winkel stehen und eine V- oder T-Stellung bilden.
5. **Nach innen gerichtet:** Wie über den großen Onkel gehend, wenn die Zehen zueinander gerichtet sind.
6. **Schere:** Wenn beide Füße parallel gestellt sind, einer leicht vor dem anderen.
7. **Flacher Fuß:** Wenn alle Rollen gleichzeitig mit dem Boden Kontakt haben.

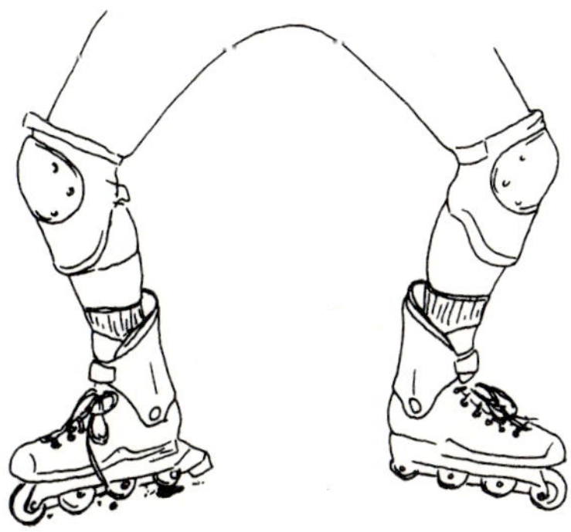

Grätsche, große, offene V-Position

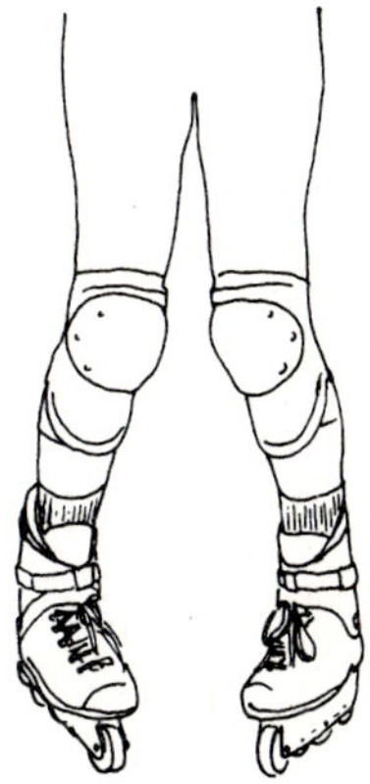

X-Beine mit nach innen gerichteten Fußspitzen

8. **Druck auf die Hacke oder die Fußspitze:** Ausgehend vom flachen Fuß, wobei dann zusätzlicher Druck auf die Spitze oder die Hacke gelegt wird.
9. **Winkel:** Der Winkel, den die Knie mit verschiedenen Körperteilen bilden oder der Körper mit dem Boden. Beispiel: Knie im Winkel von 90 Grad bedeutet, daß die Knie sich in einer Position wie beim Sitzen befinden.

4 Dehnübungen zum Aufwärmen und Abkühlen

Vor und besonders nach jedem Lauf solltest du dich immer dehnen. Das regt den Blutzufluß in die Muskeln an, hilft Verletzungen vorzubeugen und dient gleichzeitig der geistigen Vorbereitung auf die bevorstehende Aktivität oder der Verarbeitung des Erlebten.

Auf Aufwärmübungen vor dem Lauf solltest du keinesfalls verzichten. Dabei reicht aber schon, wenn du dich lockerst, indem du die Arme pendeln läßt, die Beine in die Schere bringst und dann die Schere wechselst, und das mit Skates. Anschließend solltest du zuerst ganz langsam loslaufen, ohne sofort dem Geschwindigkeitsrausch zu verfallen. Zu viele Aufwärmübungen würden zuviel Energie verbrauchen, ganz auf sie zu verzichten könnte aber, besonders bei sportlich kaum aktiven Menschen, zu Zerrungen, Muskelrissen und anderen langwierigen und höchst unangenehmen Verletzungen führen. Die eingesparte Zeit würde dir dann nichts nützen, sondern sich im Gegenteil als Bumerang erweisen. Im schlimmsten Fall würdest du deine Skates an den Nagel hängen.

Für ein langsames Abkühlen nach jedem Lauf solltest du dir ausreichend Zeit gönnen. Die folgenden Dehnübungen zielen auf fast alle Muskelgruppen, die beim Skating angesprochen werden, ebenso wie beim Skilaufen, Radfahren und Laufen. Es ist leichter, sich von oben nach unten durchzuarbeiten, so daß kein Körperteil ausgelassen wird. Jede Übung sollte mindestens 30 Sekunden gehalten werden, um ein maximales Ergebnis zu erreichen.

Hast du bei irgendeiner Dehnübung Probleme (Rücken, Knie, Knöchel), dann solltest du auf jeden Fall einen Arzt oder Physiotherapeuten konsultieren.

Oberkörper

Die Füße in einem Abstand von Schulterbreite parallel stellen. Die Skates sollten möglichst angezogen sein.

1. Dehnung der seitlichen Hals- und Nackenmuskulatur: Aufrecht stehen, den rechten Arm über den Kopf legen, die rechte Hand an das linke Ohr. Nun mit dem Arm den Kopf vorsichtig nach rechts ziehen. Die linke Hand ist währenddessen seitlich nach unten gestreckt, die angespannte Hand drückt gen Boden. Wieder locker lassen. Fünfmal wiederholen. Dann zur rechten Seite.

2. Armpendeln: Beide Arme hängen gerade an den Seiten herunter, dann pendeln lassen, langsam, schneller werden, wieder verlangsamen.

3. Drehung in der Schulter: Aufrecht stehen, Knie leicht gebeugt. Die Arme bis zur Schulterhöhe seitlich anheben, so daß sie zusammen mit der Schulter eine Linie bilden. Dann die Arme in den Schultergelenken ein- und ausdrehen, so daß die Handinnenflächen einmal zum Boden zeigen und einmal gen Himmel.

4. Seitendehnung: Der rechte Arm wird gerade über den Kopf hochgestreckt, berührt dabei das rechte Ohr. Der linke Arm hängt seitlich herunter. Körper und Blick sind nach vorne gerichtet. Bieg dich nun in der Taille nach links. Der rechte Arm bleibt über dem Kopf gestreckt, der linke wandert mit der Hand am linken Bein entlang, so weit du eben herunterkommst. Die Dehnung sollte auf der rechten Seite fühlbar sein. Diese Übung wird dann zur anderen Seite gemacht, der linke Arm ist über den Kopf gestreckt. Halten! Dabei soll der Oberkörper nicht schräg nach vorn, sondern ausschließlich seitwärts gebeugt werden.

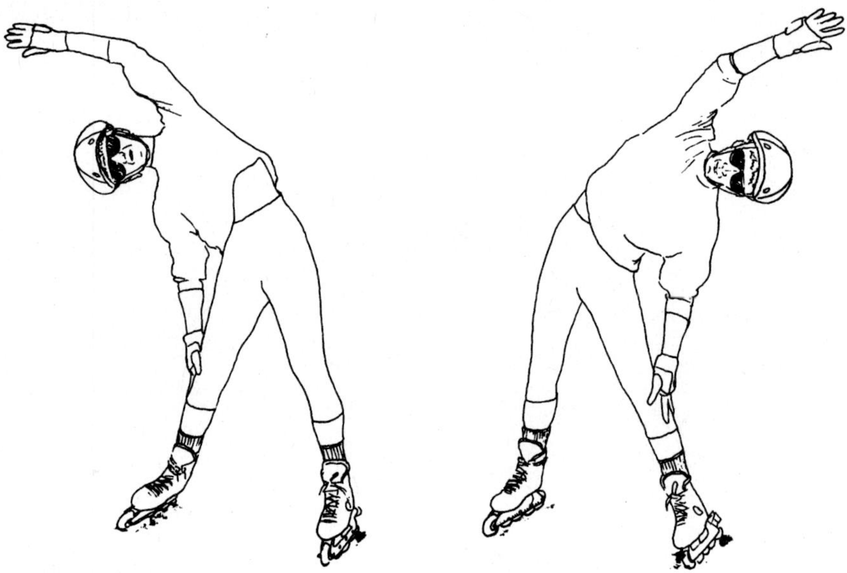

Seitendehnung

Alternativ kannst du die aus dem Yoga übernommene Übung «Palme» machen. Dabei streckst du beide Arme gerade an den Ohren hoch, faltest die Hände, drehst sie dann um, so daß nun die gefalteten Handinnenflächen nach oben zeigen. Du streckst dich ganz in die Höhe. Dabei kannst du dir vorstellen, jemand zöge dich an deinen Händen in die Höhe. Dann biegst du

dich in der Taille zuerst nach links, halten, zurückkommen; dann nach rechts, halten usw. Der Oberkörper bleibt dabei nach vorn gerichtet, darf keinesfalls seitlich gedreht werden.
Alternative: aufrecht stehen, rechten Ellbogen beugen und rechte Hand an den Nacken legen. Der linke Arm hängt seitlich herunter. Dann den Oberkörper in der Taille nach links beugen und den linken Arm nach unten ziehen. Auch hierbei solltest du der seitlichen Bewegung nicht durch Drehung ausweichen.

5. Rückendehnung: Setz dich auf den Boden, das Becken ist ausgerichtet, die Wirbelsäule gestreckt. Winkle die Beine an, und leg die Sohlen der Füße oder Skates flach gegeneinander (oder zumindest so gut es mit den Skates geht). Faß die Knöchel, Füße oder Spitzen mit beiden Händen, und drück die Knie nach außen und unten auf den Boden. Zieh dich selbst leicht und sanft nach vorne und runter auf die Knöchel, senk den Kopf, und mach dabei den Rücken rund. 30 Sekunden lang halten. Langsam wieder in die Ausgangsposition zurückkommen.

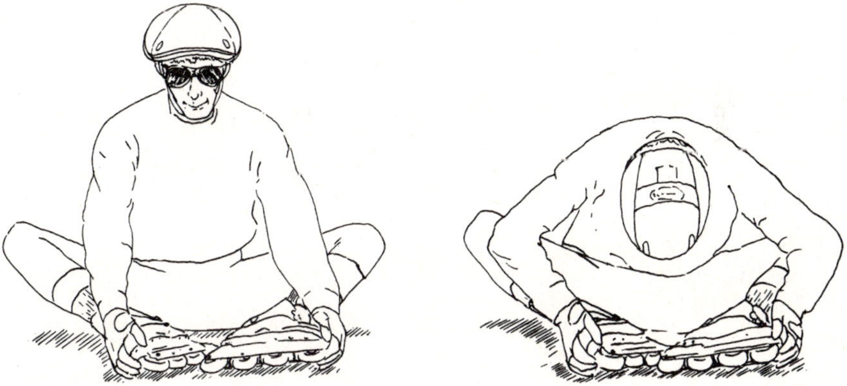

Rückendehnung

6. Ganze Körperwelle: Gerade hinstellen, Hacke an Hacke, die Fußspitzen nach außen gerichtet. Dann tust du so, als würdest du dich auf einen Stuhl setzen. Die Beine gehen dabei auseinander, die Knie werden stärker gebeugt, die Arme sind vorne. Laß dich dann in die Hocke nieder, die Arme hängen vor dem Körper herunter. Die Dehnung ist in den Hüften und den inneren Oberschenkeln fühlbar. Den Kopf nach vorne sinken lassen, dabei sollte die Dehnung in der Wirbelsäule spürbar sein. 30 Sekunden halten. Roll dich wie eine Welle wieder in die aufrechte Haltung zurück, angefangen mit den Knien, dann die Körpermitte und dann Wirbel für Wirbel, den Kopf zum Schluß heben.

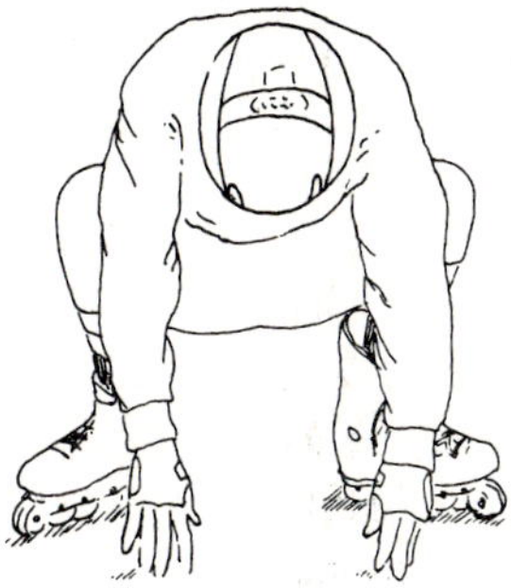

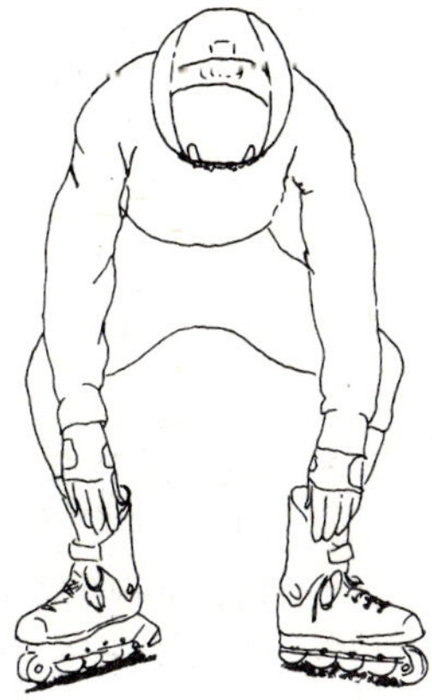

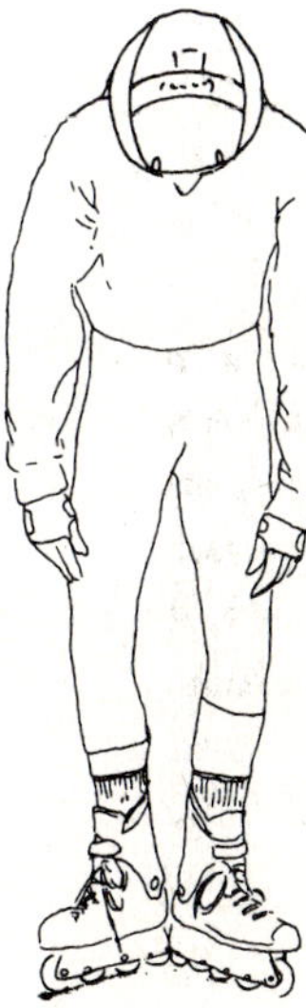

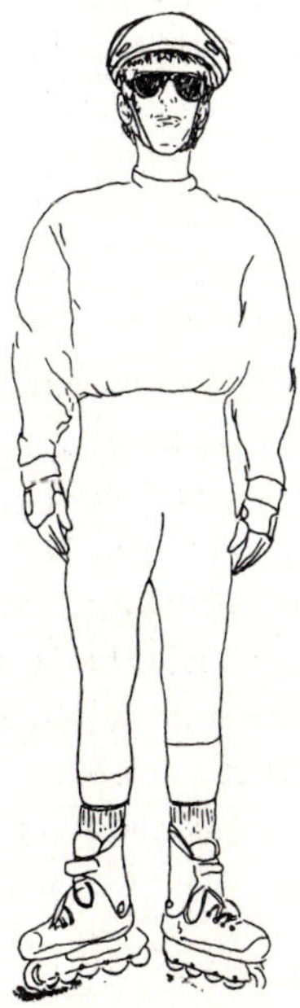

Unterkörper

Hüftdehnung

1. Hüftdehnung: Setz dich auf den Boden mit gerade nach vorne ausgestreckten Beinen. Knick das linke Knie ein und hebe es an die Brust. Der linke Fuß wird über das rechte gestreckte Bein gehoben und flach auf dem Boden abgestellt. Faß das linke Knie mit der rechten Hand und zieh es nach rechts. Zur zusätzlichen Dehnung wird die linke Hand leicht nach hinten gelegt. Dabei über die linke Schulter blicken. 30 Sekunden lang halten. Vorsichtig das Bein wieder ausstrecken. Dann die Übung mit dem rechten Bein wiederholen.

2. Dehnung der Oberschenkelmuskeln: Im Stehen mit durchgestreckten Beinen oder im Sitzen mit gerade nach vorn ausgestreckten Beinen. Der Blick ist nach vorne gerichtet, die Hände unter die Knie, Waden, Knöchel oder Zehen (wie es dir behagt) legen. Zieh den Oberkörper vorsichtig in Richtung Beine, den Rücken rund. Die Dehnung sollte entlang der hinteren Beine fühlbar sein. Nun beuge die Knie leicht und zieh dich etwas weiter runter. Dann steckst du die Beine wieder durch, halten. Langsam wieder in die Ausgangsposition kommen.

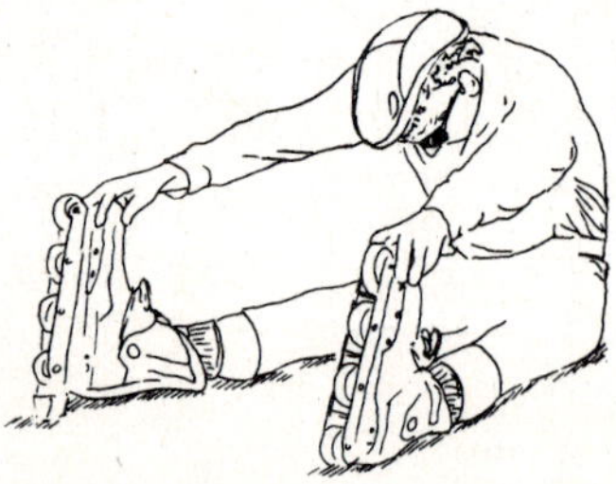

Dehnung der Oberschenkelmuskeln

Alternativ-Übung

3. Dehnung des inneren Oberschenkels:
Stell dich so hin, daß die Beine eine T-Form bilden, den rechten Fuß vor den linken. Mit dem rechten Fuß nach vorne rollen oder treten, das hintere linke Bein dabei strecken, das vordere rechte Knie beugen. Du befindest dich nun in einem weiten Ausfallschritt. Sei darauf vorbereitet, daß du die Hände möglicherweise zur Unterstützung auf den Boden nehmen mußt. In der Haltung solltest du die Dehnung in den inneren Oberschenkeln wie auch in der rechten Hüfte fühlen.

Dehnung des inneren Oberschenkels

Um die Dehnung zu maximieren, legst du das Kinn auf das rechte Knie. 30 Sekunden lang halten. Stell dich hin, lege die rechte Hand auf das rechte Knie und drück, benutze dabei die inneren Oberschenkelmuskeln zum Aufrichten und Zusammenstellen der Beine. Wiederholen mit dem linken Bein vorne. Alternative: Anstatt das Kinn auf die Knie zu legen, Kopf und Oberkörper aufrecht halten, mit den Händen abstützen und die Hüfte des gestreckten Beins aktiv nach vorn drücken. So stärkst du zusätzlich die Hüftbeugemuskulatur.

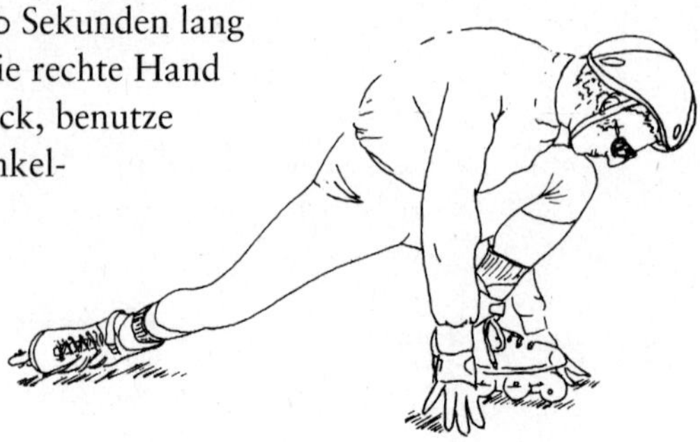

Dehnung des inneren Oberschenkels

4. Dehnung des äußeren Oberschenkels: Auf den Rücken legen, die Arme sind seitlich gestreckt, die Beine gerade ausgestreckt. Das rechte Bein ausgestreckt anheben und über das linke legen, dabei in der Hüfte drehen. Das rechte Bein ablegen. Die Dehnung sollte, ausgehend von der rechten Hüfte, runter auf die Seite des Oberschenkels laufen. Halten. Das rechte Bein wird wieder gestreckt angehoben und zurück in seine Ausgangsposition gelegt. Wiederholen mit dem linken Bein.

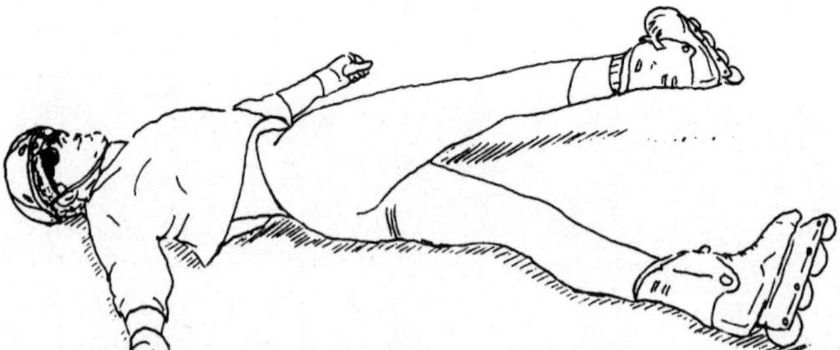

Dehnung des äußeren Oberschenkels

5. Quadrizeps-Dehnung: Mit dem Gesicht zu einem Pfosten, einer Wand, einem Freund oder irgend etwas Unbeweglichem hinstellen. Sicherstellen, daß du nicht wegrollst. Das rechte Bein nach hinten winkeln und im Knie so beugen, daß der rechte Skate den Po berührt oder ihm zumindest so nah wie möglich kommt. Nach dem rechten Knöchel oder der rückwärtig letzten Rolle greifen und das nach hinten gebeugte Bein nach hinten hochziehen, die Knie dabei aneinandergepreßt halten. Zieh das Bein vorsichtig hoch und zurück, und zwar so weit, bis ein Ziehen im vorderen Oberschenkel zu spüren ist. 30 Sekunden lang halten. Langsam loslassen und den Fuß absenken. Wiederholen mit dem linken Bein.

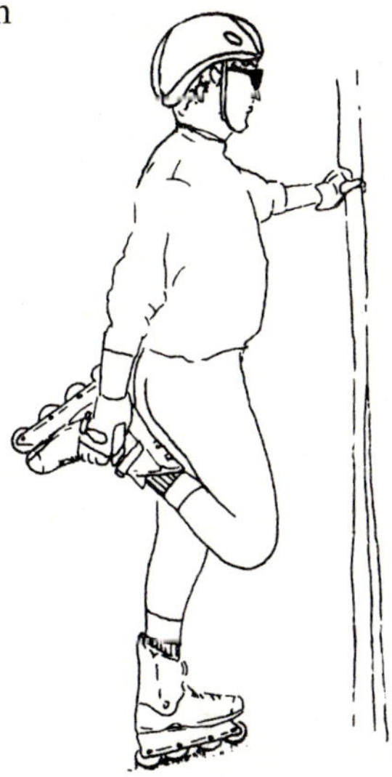

Quadrizeps-Dehnung an der Wand

6. Wadendehnung: Für diese Übung mit Skates müssen die Stulpenteile der Stiefel gelockert werden, und zwar in Knöchelnähe. Ebenfalls einen festen Orientierungspunkt benutzen, das rechte Bein in der Schere nach hinten stellen, das linke ist vorne. Das Gewicht wird auf den linken Fußballen verlagert, dann das linke Bein beugen. Die rechte Hacke gen Boden drücken und halten. Nun das Bein ein wenig weiter nach vorne nehmen, drücken und halten. Wiederholen mit dem anderen Bein. Eine andere Möglichkeit zur Wadendehnung bieten Treppen oder Straßenkanten.

Wadendehnung an der Wand

Während du dich weiterhin an einer Stange oder einem festen Punkt festhältst, hake den Skate zwischen der ersten und zweiten Rolle in die Kante ein, so daß der Vorderfuß höher als der Hinterfuß ist und der Hinterfuß Spielraum hat. Nun den Fuß strecken und beugen. Die Dehnung ist in der Wade fühlbar. Dasselbe nun zwischen der zweiten und dritten Rolle versuchen. Das Ziehen in den Waden wird stärker sein.

7. Knöchelkreisen: Entweder sitzend oder stehend jeweils einen Fuß am Knöchel fünfmal im Uhrzeigersinn kreisen lassen. Dann gegen den Uhrzeigersinn.

8. Dehnung des ganzen Unterkörpers: Auf den Boden setzen und die Beine in eine Doppel-L-Position bringen: das linke Bein vorn, angewinkelt, so daß die Rollen oder die Sohle das rechte Knie fast berühren, das rechte hinten, angewinkelt, die Rollen oder die Sohle berühren fast den Po. Langsam nach hinten auf den linken Ellbogen niedersinken, dann den rechten Arm über den Kopf heben, um die Dehnung zu fühlen. (Bei guter Dehnung des vorderen Oberschenkels wird es dir wahrscheinlich gelingen, dich ganz rückwärts niederzulegen.) Den Oberkörper vorsichtig im Uhrzeigersinn rotieren, die Dehnung in allen Positionen fühlen. Je tiefer der Oberkörper rückwärts geneigt werden kann, desto größer ist die Dehnung.

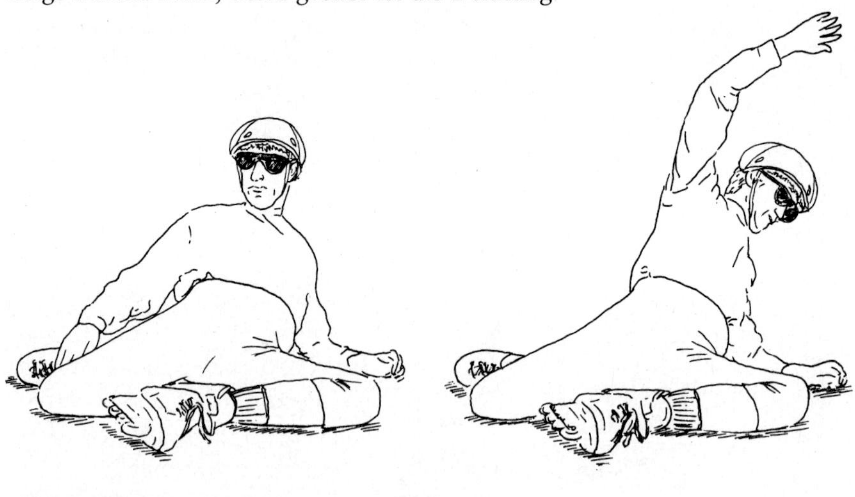

Dehnung des ganzen Unterkörpers rückwärts

Dehnung des ganzen Unterkörpers vorwärts

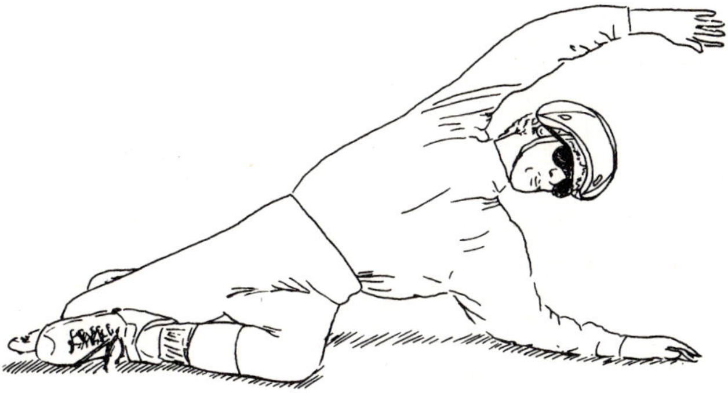

5 Los geht´s!

Ob es nun das erste Mal auf Skates ist oder nicht, die Bewegung auf einer einzigen Reihe von Rollen erfordert eine völlig neue Ausrichtung des Körpers in bezug zu den Füßen. Das bedeutet, daß du die grundlegenden Prinzipien des Gleichgewichts und der Körperhaltung lernen oder auffrischen mußt.

Gleichgewicht

Zuerst wird es ein etwas merkwürdiges Gefühl sein, Skates an den Füßen zu haben. Du wirst ungefähr 7 bis 8 cm größer sein und dich unsicher fühlen. Die Muskeln sind angespannt, damit die Beine nicht unter dir wegrollen und dein Verstand signalisiert: «Das ist unnatürlich.» Laß dich davon nicht verwirren. Je häufiger du auf deinen Skates stehst und zu rollen versuchst, desto natürlicher wird dir die Bewegung erscheinen. Sei bloß nicht gleich frustriert, wenn es dir nicht beim ersten Mal gelingt. ÜBUNG IST ALLES!

Die meisten Menschen verfügen über ein natürliches Gleichgewichtsgefühl, das ihnen erlaubt, auf zwei Füßen zu stehen, ohne umzukippen. Meistens können wir auch auf nur einem Fuß zur Zeit stehen. Gehen bedeutet im und aus dem Gleichgewicht zu sein: Du hebelst dein Körpergewicht von einem Fuß auf den anderen und benutzt den anderen dabei als Hilfsmittel. Dasselbe Prinzip gilt auf Rollen. Genauso wie wir lernten, unser Gleichgewicht zu finden und zu gehen, als wir klein waren, müssen wir es auf Skates lernen.

OOOO Wenn es dir schwerfällt, nur auf den Skates zu stehen, solltest du es bei den folgenden Übungen damit versuchen, die Hände auf den Knien zu halten. Die Kraft auf den Knien wirkt stabilisierend.

Finde deine Mitte: Die folgende Übung mag ein wenig seltsam daherkommen, ist aber wichtig. Sie hilft beim Erlernen anderer Skating-Fertigkeiten und nicht zuletzt beim Sturz.

Mit oder ohne Skates ganz gerade stehen, Beine und Knie zusammen, die Arme hängen an den Seiten herunter, nach vorne blicken. So wie der Schiefe Turm von Pisa, ohne Abbeugen in der Taille, lehnst du dich langsam nach vorne, bis sich die Hacken abheben und du kurz davor bist, das Gleichgewicht zu verlieren. Sei unbesorgt, instinktiv wirst du dich selbst vor einem Fall bewahren. Dann die gleiche Bewegung nach hinten machen (ein Ausstrecken der Arme nach vorn bedeutet Stabilisierung), dann seitwärts, dabei jedesmal selbst den Fall abfangen. Der Bewegungsspielraum beträgt dabei zwischen 20 und 30 cm (ungefähr ein 10- bis 25-Grad-Winkel) in jede Richtung.

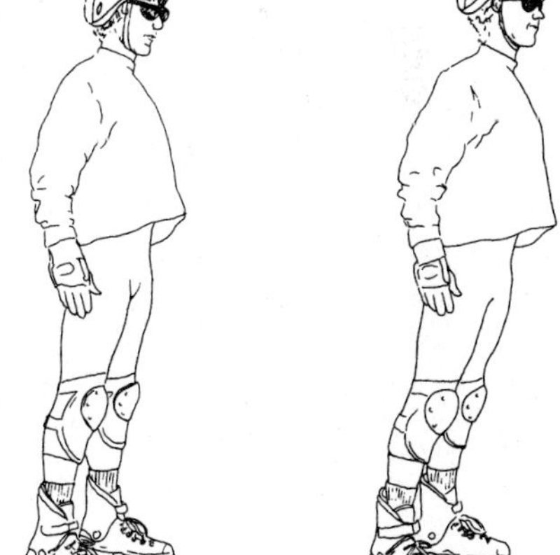

Finde deine Mitte

Innerhalb dieses Kreises um die eigene Mitte liegt das natürliche Gleichgewichtszentrum. Danach solltest du dich auf deinen Skates immer ausrichten. Um dieses Maß an Gleichgewicht zu erreichen und dir größere Stabilität zu verschaffen, solltest du nun Taille und Knie beugen. Versuche es jetzt! Dabei wird der Kreis größer, und zwar in dem Maß, wie dein Bewegungsspielraum und das Gefühl für das eigene Gleichgewicht innerhalb dieses Kreises sicherer wird. Immer, wenn du dabei bist, das Gleichgewicht zu verlieren, die Knie beugen, das Körpergewicht durch Beugung in der Taille nach vorne verlegen und die Hände auf die Knie legen. Dadurch verlagerst du nicht nur das Körperzentrum weiter nach unten, sondern bringst deinen Körper dem Boden näher, für den Fall des Umkippens.

Körperhaltung

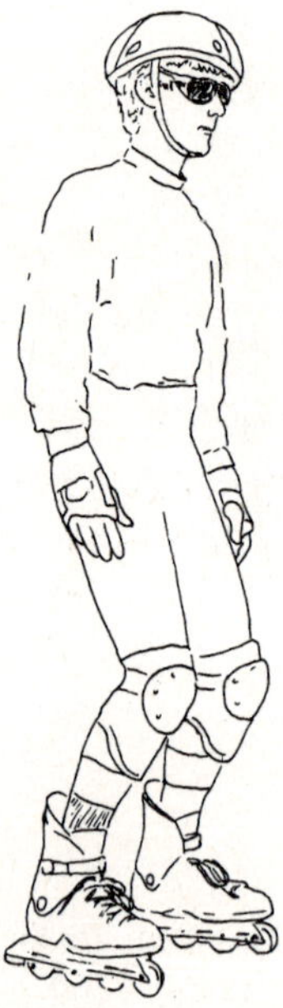

Die richtige Ausgangshaltung

Die richtige Körperhaltung beim Skaten variiert, abhängig von Größe, Gewicht, der Relation von Ober- zu Unterkörperlänge und wo und wie schnell jemand läuft. Falsche Haltungen zeigen sich immer in Gleichgewichtsstörungen. Aber für Anfänger kann die ideale Haltung in drei Wörter zusammengefaßt werden: Nase, Knie, Zehen.
Ganz ruhig aufrecht stehen, dabei das Körpergewicht gleichmäßig auf alle Rollen verteilen. Nun werden Knie und Taille gebeugt, so daß Nase, Knie und Zehen eine senkrechte Linie bilden. Nach vorne sehen! Das ist die richtige aufrechte Skating-Haltung. Die gebeugten Knie fungieren als Stoßdämpfer, während die nach vorne gerichtete Beugung des Oberkörpers das Gewicht nach vorne zentriert hält.

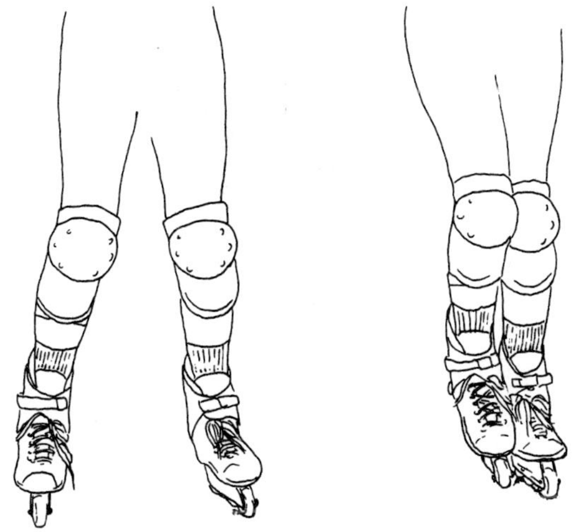

Schritt zur Seite und antippen

Tippen: Ein Vorteil der In-Line-Skates gegenüber den Konventionellen ist der, daß die Rollen nicht mehr seitlich am Stiefel angebracht sind, sondern direkt entlang der Fußmittelachse unter dem Stiefel fest sitzen. Man kann also gar nicht mehr über die eigenen Rollen stolpern (oder die eines anderen). Wie später noch deutlicher werden wird, ist das Zusammenbringen der Füße ein absolutes Muß beim Skaten.
Auf die Skates, Beine parallel, Füße in Schulterbreite. Du machst einen Schritt nach rechts, verlagerst dabei auch das Gewicht zu der Seite, tippst mit dem linken Skate an den rechten und kommst wieder in die Ausgangsposition zurück. Nun zur anderen Seite. Üben. Stiefel stößt an Stiefel, Zeh an Zeh, Zeh an Hacke, Hacke an Zeh. Nur keine Angst vor dem Kontakt! Langsam wird es ein angenehmes Gefühl. Wenn du fortgeschrittener bist, wirst du sehen, daß dir das beim Skaten hilft.

Wippen: Beim Skaten wird es sich nicht vermeiden lassen, daß du viele Male über etwas steigen mußt, so wie über Bordsteinkanten (siehe Kapitel 11). Das Wippen ist eine Methode der Gewichtsverlagerung von hinten nach vorne, um das Hinwegsteigen über kleinere Hindernisse leichter zu machen.
Die Füße stehen parallel in einem Abstand von 5 bis 7,5 cm. Einen Fuß nach vorne in die Schere rollen, bis die Hacke des einen und die Fußspitze des an-

deren eine Linie bilden. Nun vor und zurück wippen, vom hinteren Fuß auf den vorderen, dabei den vorderen Fuß vorne lassen. Mit ganz aufgesetztem Fuß wird dir die Übung leichter fallen. Diese Bewegung sollte dir in Fleisch und Blut übergehen. In folgenden Kapiteln werde ich mich immer wieder darauf beziehen.

Wippen

Fallen

Vor dem ersten Schritt solltest du dir klarmachen, daß jeder Skater garantiert irgendwann einmal stürzt. Also auch du. Selbst Experten kennen den Schreck, daß sich eine Rolle verfängt, hängen bleibt, so daß sie das Gleichgewicht verlieren und einen Riesensatz machen. Hab keine Angst vorm Fallen! Das Geheimnis einer sanften Landung ist einfach: Trage Sicherheitsausrüstung und bleib ruhig. Je entspannter du bist, desto eher wirst du in eine sanfte Landung rollen. Versuch auch, mindestens anderthalb Körperlängen von Bordsteinkanten, Eisenbahnschienen und Wänden entfernt zu sein. Darauf zu stürzen kann ernsthafte Verletzungen hervorrufen.

Fallen muß geübt werden: Übt man das Fallen mit Handgelenk-, Ellbogen- und Knieschützern, dann verliert man bei plötzlichen unabsichtlichen Stürzen nicht gänzlich die Kontrolle. Natürlich läuft jeder Sturz anders ab, ist abhängig von der speziellen Situation (Straucheln über einen Zweig, Ausrutschen auf einer Ölspur etc. – siehe dazu Kapitel 11). Jeder von uns bevorzugt dabei instinktiv eine Seite oder einen Körperteil. Ich beispielsweise falle üblicherweise auf meine rechte Seite, andere nach vorne oder rückwärts. Du solltest auf jeden Fall vermeiden, auf dem Rücken zu landen. Ganz egal, wie gut jemand da hinten gepolstert ist, das Rückgrat reagiert äußerst empfindlich auf einen Stoß. Übe also das Vorwärtsfallen. Die Schutzausrüstung wird den Aufprall dämpfen.

Das richtige Fallen

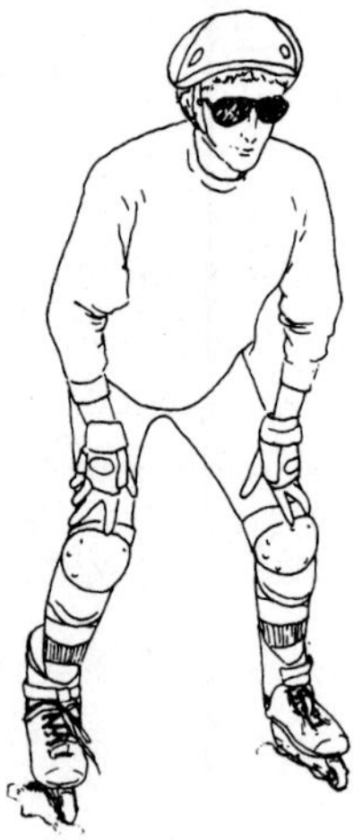

Wiedererlangen des Gleichgewichts

Setze deinen Schwerpunkt tiefer: Leute, die das Gleichgewicht verlieren, richten sich meistens auf, greifen in die Luft, schlagen mit den Armen wild um sich und spreizen die Beine. Dieser vergebliche Versuch, das Gleichgewicht wiederzuerlangen, funktioniert nie. Vermeide es, dich aufrecht hinzustellen! Hole deinen Schwerpunkt herunter, indem du dich in der Taille beugst und die Hände auf die Knie legst. Dadurch bringst du auch dich selbst dem Boden näher für den Fall, daß du tatsächlich stürzt.

Das Fallen kontrollieren: Versuche, vorwärts zu fallen und den Aufprall auf die Handgelenks-, Ellbogen- und Knieschützer zu lenken. Biege die Finger dabei zurück, so daß das Plastik den Kontakt mit dem Boden hat, nicht die Finger. Asphalt ist nicht hautfreundlich. Bleib locker und roll beim Fallen ab. Kämpf nicht gegen das Gefühl an, denn dann spannst du dich an und versuchst, den Fall zu brechen (und das wäre nicht das einzige, was dabei brechen könnte).

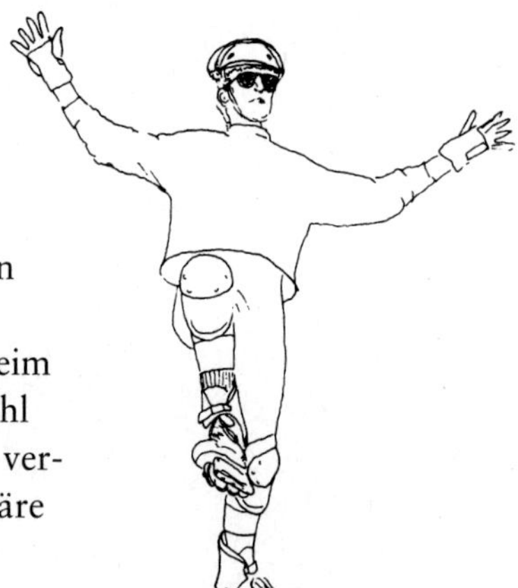

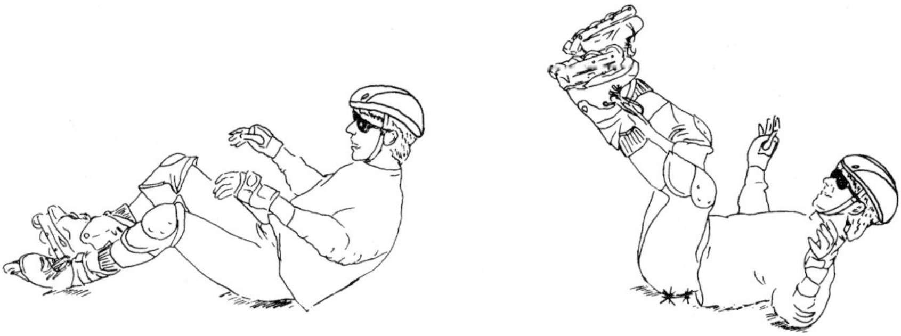

Aus dem Gleichgewicht kommen und falsch fallen

Das Aufstehen: Nach dem Sturz stehst du kriechend auf Händen und Knien auf. Dann hebst du ein Knie an die Brust und stellst den Skate flach mit allen Rollen auf den Boden. Das gesamte Gewicht sollte auf dieses Bein gelegt werden. Komm in eine aufrechte Haltung hoch. Tief durchatmen, um den Körper zu entspannen und die Fassung wiederzugewinnen. Dann weiterlaufen.

Aufstehen nach einem Sturz

Hacken-Stop

Lauf nicht los, bevor du das Stoppen gelernt hast. Es gibt verschiedene Möglichkeiten (siehe Kapitel 6), aber die effektivste ist die mit der Hacke. Vertraue darauf, daß das funktioniert, und hab keine Angst davor. Der geübte Umgang mit dem Stopper macht das Skaten überhaupt sehr viel spaßiger, ganz davon abgesehen, daß du damit dein Leben retten kannst. Meistens sitzt der Stopper hinten am rechten Skate. (Ansonsten solltest du meine Instruktionen einfach umkehren.) Nebenbei bemerkt, mein Motto in diesem Buch ist:

ERST GLEICHGEWICHT, DANN BEWEGUNG!

Das heißt: Zuerst vorbereiten! Hast du das Gleichgewicht verloren und den Sturz vor Augen, vergiß den Hacken-Stopper! Den im vollen Lauf einzusetzen hieße, alles nur schlimmer zu machen und rückwärts zu stürzen. Zuerst überlegen, dann handeln!

Bein- und Fußhaltung beim Stoppen:

1. Die Beine parallel, die Skates in einem Abstand von 8 bis 10 cm aufstellen.
2. Den rechten Skate parallel zum anderen vorwärts in die Schere rollen, bis die rechte Hacke und die linke Spitze in einer Linie stehen.
3. Leichtes Anheben der rechten Spitze, bis der Kontakt mit dem Stopper hergestellt ist. Nicht die hinterste Rolle vom Boden abheben; das würde wie eine Führung auf den Stopper wirken.
4. Rechtes Knie durchdrücken, ohne die Beine zu schließen. (Dadurch kommt der Stopper auf den Boden.)
5. Linkes Knie beugen (je stärker die Beugung, desto stärker der Bremsdruck).
6. Innere Oberschenkel und Knie zusammendrücken, dabei bleiben die Füße weiterhin parallel. (Das hält die Beine zusammen und bringt mehr Gewicht direkt auf den Stopper).
7. Das Gewicht wird *vorsichtig* zurückverlagert, was sich so anfühlt, als säße man fast auf dem Stopper. (Einige Leute vergleichen es mit dem Waden-Strech im Aerobic). *Das ist nun die optimale Bremshaltung.*

VERSUCHE NIE, EINE BEWEGUNG ZU MACHEN, BEVOR DU NICHT IM GLEICHGEWICHT BIST!

Bevor wir uns mit dem Oberkörper beschäftigen, stell dir nur einen Moment lang vor, du würdest 45 kg wiegen. (Ich meine doch bloß, vorstellen!) Der zufällige Einsatz des Stoppers würde dir ein Druckgewicht von nur 22,5 bis zu 33,75 kg geben. Aber wenn du dein Körpergewicht runter und hoch bringst (unten Gewicht/oben Gewicht), dann kannst du fünf- bis zehnmal so hohen Druck ausüben. Das macht hoffentlich den Sinn des Bremseinsatzes deutlich. Denk daran, der Stopper ist dein Freund. Benutze ihn! Im folgenden Teil findest du zwei alternative Möglichkeiten, die dir ein besseres Verständnis für das Konzept der Gewichtsverlagerung vermitteln sollen. Versuche beide. Eine eignet sich mit Sicherheit für dich.

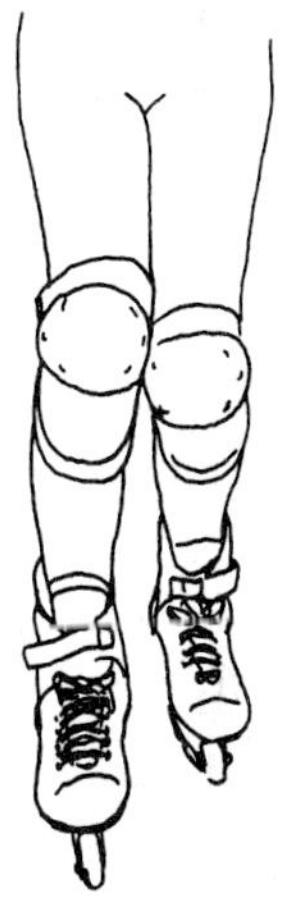

Stoppen in der Vorderansicht

Die Haltung des Oberkörpers (Notbremsung): Stell dir vor, du sitzt in einem Zug. Du gehst zur Notbremse, hebst deinen rechten Arm hoch, ergreifst den Griff und ziehst ihn herunter, dabei beugst du dich in der Taille nach vorne. Du solltest das Verlagern des Körpergewichts nach oben und nach unten spüren. Während du am Griff ziehst, rollst du mit dem rechten Skate vor und findest beim Anheben den Stopper. Versuche mit dieser Methode, dich an das Gefühl der Gewichtsverlagerung von oben nach unten zu gewöhnen. Bald wirst du dich entspannen können, und die Bewegung wird dir selbstverständlich und ganz natürlich erscheinen.

Irritiert dich die Armbewegung bei der Notbremsmethode, versuch einfach, dein Gewicht durch Atmung nach oben und unten zu verlagern. Einatmen und das Gewicht nach oben bringen, beim Ausatmen den Bremsfuß ausrollen. Probier es und denk daran, das linke Knie zu beugen. Das ist wichtig.

Tip: Je abgenutzter der Stopper, desto tiefer muß das Knie zur Kompensation gebeugt werden.

Notbremsung

○○○○ Wie effektiv deine Hackenbremse auch sein mag, auch dir wird es nicht gelingen, auf einem Groschen zu stoppen (ebensowenig wie mit einem Auto oder einem Fahrrad). Je nach Geschwindigkeit und Intensität der Bewegung führt für gewöhnlich erst der zweite oder dritte Versuch zum vollständigen Halt. In den meisten Fällen willst du aber nur langsamer werden und auf eine annehmbare Geschwindigkeit kommen.

Die häufigsten Fehler beim Stoppen sind:

- Der Bremsskate ist angehoben und nicht in die Scherenposition gerollt.
- Die Spitze wird zu früh angehoben, und die Beine stehen zu dicht beieinander. Je größer die Schere, desto stabiler ist der Stand.
- Der Skater hat sich in der Taille zu sehr gebeugt und nimmt das Gewicht so von den Hacken.
- Der Skater lehnt sich zu stark zurück.
- Der Skater verlagert sein Gewicht, bevorzugt auf eine Seite. (Das Gewicht soll gleichmäßig verteilt, die Schultern und Hüften sollen im rechten Winkel zum Boden sein.)
- Der Skater mißtraut dem Stopper und vertraut sich ihm nicht an.

Andere Methoden zum Verlangsamen und Halten siehe Kapitel 6.

Das Rollen

Bevor wir unseren ersten Schritt in die Welt des Skating machen, wollen wir die fundamentalen Sicherheitsregeln wiederholen.

- Trägst du deine Schutzausrüstung?
- Versuche keine Bewegung, bevor du nicht dein Gleichgewicht hast!
- Glaubst du zu fallen – *bleib locker* und *fall nach vorne!*
- Lauf nie in der Nähe von Bordsteinkanten, Wänden oder Zäunen.
- Sieh immer mit erhobenem Kopf mindestens 5 bis 7,50 m nach vorne. *Nie nach unten blicken!*

Es folgen nun mehrere verschiedene Möglichkeiten für den absoluten Anfänger. Versuchen solltest du alle. Eine wird dir mit Sicherheit liegen.

Gewichtsverlagerung: Vor allem anderen ist es wichtig, sich mit der Gewichtsverlagerung von einer zur anderen Seite vertraut zu machen, denn das ist etwas, um das kein Skater beim Laufen herumkommen wird.

1. Die Knie gebeugt, die Füße parallel in Schulterbreite aufgestellt.
2. In einer Art «Frankenstein-Gang», wird das Gewicht abwechselnd vom linken Skate zum rechten verlagert, von Seite zu Seite. Das Gewicht sollte so lange wie möglich jeweils auf einem Fuß gehalten werden, erst dann wechseln. *Nun kann es losgehen!*

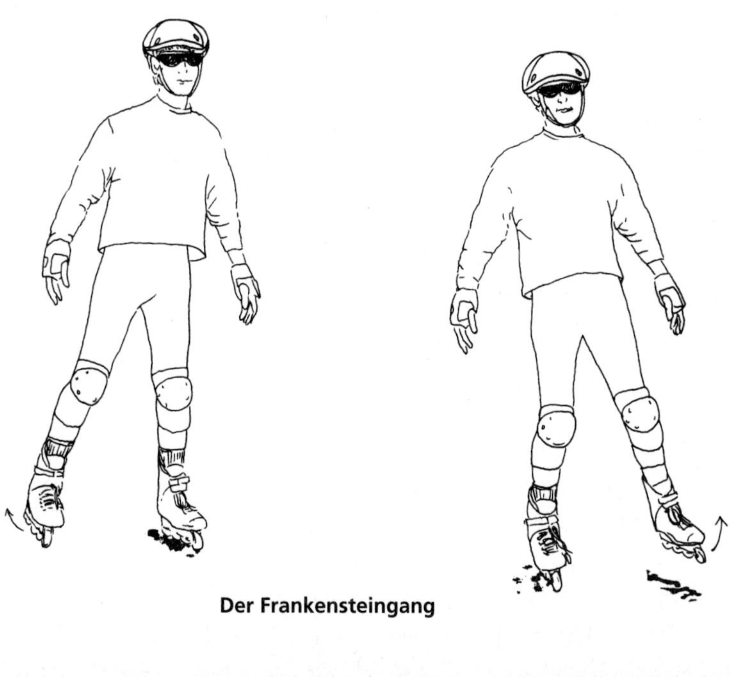

Der Frankensteingang

3. Die Gewichtsverlagerung nicht unterbrechen, zusätzlich die Füße so weit auseinandernehmen, daß die nach außen gerichteten Spitzen einen 45-Grad-Winkel bilden. Zusätzlich lehnst du dich nun nach vorn. Mittlerweile rollst du bestimmt schon. Wenn nicht, hast du deine Füße entweder nicht weit genug auseinandergenommen oder hältst dich selbst zurück. Entspann dich!
4. Im Rollen werden die Füße zusammengebracht, als Vorbereitung auf den Hacken-Stop. Aus der Parallelhaltung wird der Bremsfuß in der Schere nach vorne gebracht, das andere Knie ist gebeugt, die Spitze des Bremsfußes wird nun mit einem Ruck hochgezogen, dabei werden die Knie zusammengedrückt, und du sitzt auf deinem Stopper. Geschafft!

Eierlaufen

Eierlaufen ist eine exzellente Basis-Bewegung. Es bedeutet die wunderbare Möglichkeit, den Vorwärtsimpuls zu bewahren, ohne wirklich zu laufen, ist ideal für enge Wege, in denen die Beinfreiheit eingeschränkt ist. Es ist auch die Ausgangsbewegung für eine Vielzahl von fortgeschrittenen Manövern wie die Schneepflugwende und der Hockey-Stop. Dazu kommt, daß bei korrekter Ausführung das Eierlaufen wunderbar zur Kräftigung der inneren und äußeren Oberschenkelmuskulatur beiträgt.

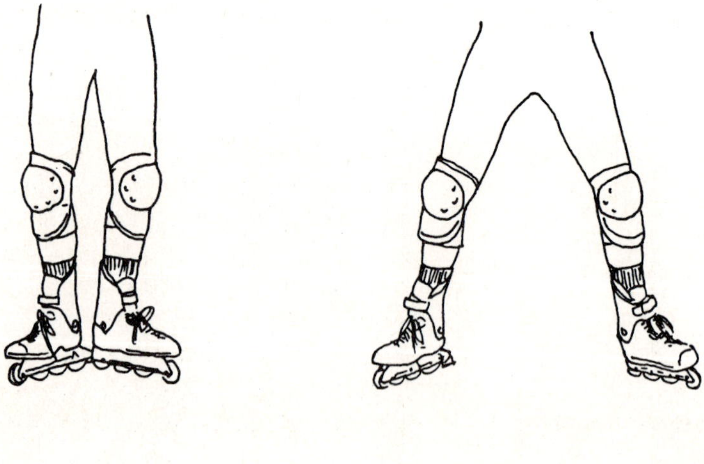

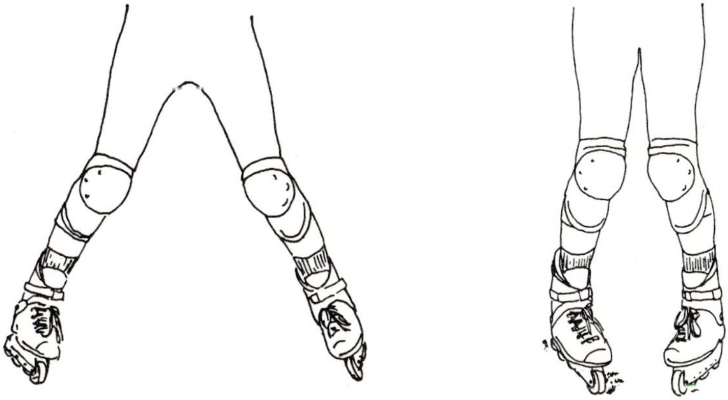

Fuß- und Beinhaltung beim Eierlaufen

Das Zwei-Bein-Eierlaufen:

1. Aufrecht, mit gebeugten Knien, Hacken zusammen, die Fußspitzen bilden einen 45-Grad-Winkel. Der Blick ist nach vorne und hoch gerichtet.
2. Auf den Innenkanten der Rollen laufen beide Skates gerade eben über die Schulterlinie hinaus. Bewegst du dich nicht, dann bist du entweder nicht auf den Innenseiten der Rollen oder der Winkel ist zu klein. Sind die Beine dagegen zu weit auseinandergeglitten, dann wird es schwierig, sie wieder zusammenzubringen. In dem Fall versuch im Gehen, die Beine wieder zusammenzubringen, und fang neu an.
3. Der Schwung des Nach-außen-Rollens sollte so genutzt werden, daß auf den Hacken gedreht und die Zehen und Knie nach innen gerichtet werden und du auf den Innen-kanten der Rollen die Füße wieder zusammenführst und so wieder in die Ausgangsposition kommst. Die Rollen bleiben währenddessen konstant auf dem Boden.
4. Jeder Teil des Bewegungsablaufs sollte so lange geübt werden, bis er fließend und kontinuierlich erfolgt und die Kontrolle von Weite und Geschwindigkeit ganz selbstverständlich funktioniert: gebeugte Knie, Druck auf die nach außen gerichtete

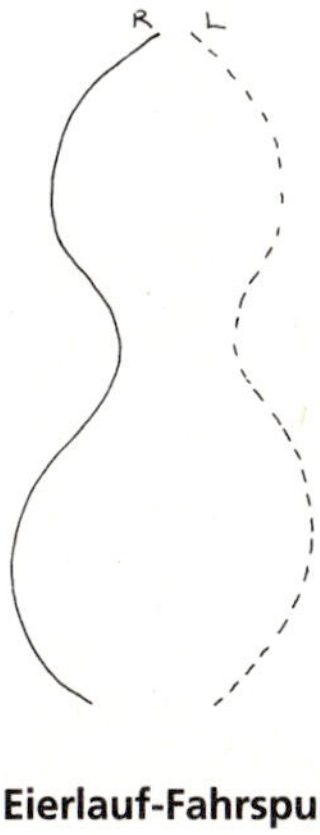

Eierlauf-Fahrspuren

Bewegung, durchdrücken und nach innen zusammenbringen. Timing und Koordination sind dabei alles. Manchen fällt es leichter, durch einige Schritte einen Rollstart zu machen und dann einen Rhythmus zu finden. Gibt es trotzdem Schwierigkeiten, dann solltest du zuerst in eine Körperstreckung gehen und dann in die Taillenbeugung. Runter auf der Außenkante – hoch auf der Innenkante.

Ein-Bein-Eierlaufen: Funktioniert nach denselben Prinzipien und Bewegungen wie das Zwei-Bein-Eierlaufen, nur wird es mit einem Bein zur Zeit ausgeführt. Diese Übung stärkt Kraft und Vertrauen und macht so das Skaten wirkungsvoller. Manche empfinden diese Bewegung als ungleich schwieriger, weil das Gewicht eben nicht auf beide Füße verteilt ist. Stell dir vor, du befändest dich auf einem Roller oder Skateboard, den rechten Fuß auf dem Board (Standbein) und setzt den linken als Abstoßbein (Schwungbein) ein. Mit diesem Bild im Kopf fängst du die Bewegung an.

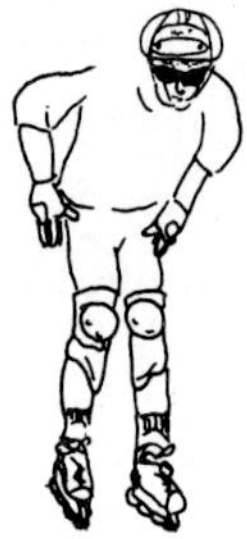

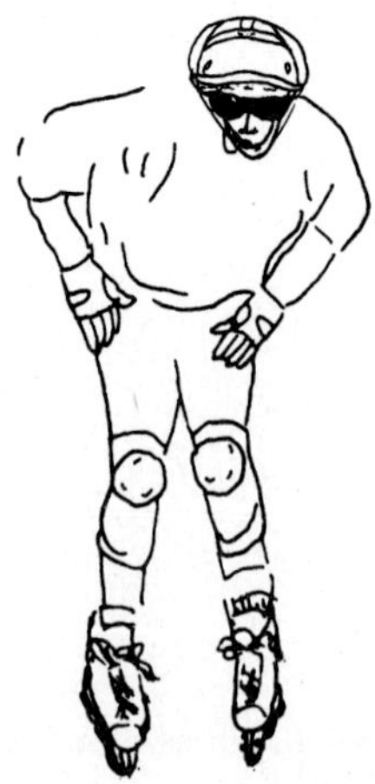

1. Knie beugen. Erinnere dich: Nase, Knie, Zehen.
2. Das rechte (Stand-)Bein, auf dem auch das Gewicht lastet, zeigt nach vorne. Das linke (Schwung-)Bein wird vorsichtig in einen 20-Grad-Winkel nach außen gestellt.
3. Das Gewicht soll auf dem (rechten) Standbein bleiben, das (linke) Schwungbein wird sanft auf der Innenseite der Rollen zur Seite gedrückt.

Konzentrier dich darauf, mit der Hacke oder der letzten Rolle Druck auszuüben. Keinesfalls dürfen die Rollen vom Boden abgehoben werden. Der rechte Skate zeigt immer noch nach vorne.

4. Beim Durchdrücken des rechten Knies eine leichte Drehung auf der linken Hacke machen, so daß die Skatespitze nach innen zeigt. Er sollte dann in die parallele Ausgangsposition zurückgeführt werden, während das Gewicht weiterhin auf dem Standbein lagert.

Tip: Damit du mit dem Schwungbein weiter ausholen kannst, solltest du das Knie des Standbeins und die Taille weiter beugen.

5. Fünf- bis zehnmal üben, dann die Seiten wechseln. Nun liegt das Gewicht auf dem linken (Stand-)Bein, abgestoßen wird dann mit dem rechten (Schwung-)Bein.

Du wirst feststellen, daß du diese Übung mit einer Seite besser schaffst. Deshalb mußt du dich mit der anderen intensiver beschäftigen.

Grundform des Abstoßes oder Skatens: Nun wird es Zeit, die Muskelkraft einzusetzen, um in ein ruhiges Rollen zu kommen.

1. Knie und Taille beugen, Nase-Knie-Zehen-Position einnehmen.
2. Die Skates sind ganz und flach in einem 45-Grad-Winkel aufgestellt. Der rechte Skate auf der Innenkante der Rollen stößt vorsichtig direkt zur Seite, dabei wird das Gewicht auf den linken Skate verlagert. In die Bewegungsrichtung vorwärts lehnen.
3. Am Ende des Abstoßes das Gewicht auf dem linken Bein lassen, das freie rechte Bein anheben und in die rollende Parallelstellung bringen.
4. Nun der Abstoß mit dem linken Skate direkt zur Seite, auf dem rechten Bein balancierend. Dann den linken Fuß in die rollende Parallelstellung bringen.
5. Weitermachen, die Beine dabei jeweils wechseln, dazwischen jedesmal wieder die Ausgangsposition einnehmen.

Tip: Wann immer dir der Abstoß Schwierigkeiten bereitet, beuge dich in der Taille tiefer und leg die Hände auf die Knie. Und los. Diese Position bringt die Körpermitte auf die Rollen herunter, verbessert so das Gefühl für Gleichgewicht und Stabilität, und der Abstoß wird fester.

Füße zusammen: Eine Sache ist für jeden Skater, der sich zu den besseren und fortgeschrittenen zählen möchte, ein unbedingtes Muß: *Die Füße gehören zusammen!* Wenn beim Skaten die Füße weit auseinander gehalten

werden, dann ist der Abstoß auf jeder Seite nur mit begrenzter Länge bei jedem Schritt möglich. Stehen dagegen die Füße zusammen und die Bewegung wird aus einer mittigen Position heraus gestartet, dann kann die Abstoßlänge zwei- bis fünfmal erhöht werden. Jeder Schritt wird durch die Größe der hineingelegten Kraft maximiert. Versuche mit der folgenden Übung, die Füße zusammenzubringen.

1. Ausgehend vom normalen Abstoß einfach Schwung holen.
2. Drei Schritte zählen, links-rechts-links, und Füße zusammen. Weitermachen, bis dir das Laufen aus dieser mittigen Position gelingt.
3. Nun auf zwei Schritte verringern, links-rechts und zusammen, rechts-links und zusammen. Mehrmals üben.
4. Schließlich machst du nur noch einen Schritt, links und zusammen, rechts und zusammen. Finde deinen Rhythmus. Achte aber immer darauf, vor jedem nächsten Schritt den Fuß wieder in die rollende Parallelhaltung zu bringen.

Gleichgewichtsübung auf einem Bein: Das Balancieren auf einem Bein sollte das Ziel eines jeden Anfängers sein. Hast du das Stehen und Skaten auf einem Bein erst einmal intus, dann kannst du mit den Bewegungen für Fortgeschrittene anfangen (Übersetzen, Kreuzen etc.).

1. Während der Erholphase zwischen den Schritten tief atmen, hoch sehen und den freien Fuß in die Position bringen, in der er gerade den Knöchel des Standbeins berührt (wie beim Fußtippen). Der Skate sollte nicht über den Knöchel gehoben werden. Das bringt dich nur aus dem Gleichgewicht.
2. Wechseln: drei Schritte, linkes Bein heben und auf dem rechten balancieren – drei Schritte, rechtes Bein heben und auf dem linken balancieren. Zähl die Sekunden. Wie lange kannst du dein Gleichgewicht auf einem Bein halten, bevor du den Fuß absetzen mußt? Du wirst feststellen, daß die Zeitspannen Schritt für Schritt größer werden, bis du deinen Skate gar nicht mehr absetzen willst.

Tip: Fällt dir das Balancieren auf einem Fuß sehr schwer, dann such dir einen anderen Skater oder jemanden, der neben dir herläuft. Krall dich nicht an ihm fest! Benutze ihn nur als einen Orientierungspunkt für den Fall, daß du das Gleichgewicht verlierst. Ein leichter Fingerkontakt sollte genügen, damit du deine Mitte wiederfindest. Du weißt ja nun, wie das geht. Vertrau dir!

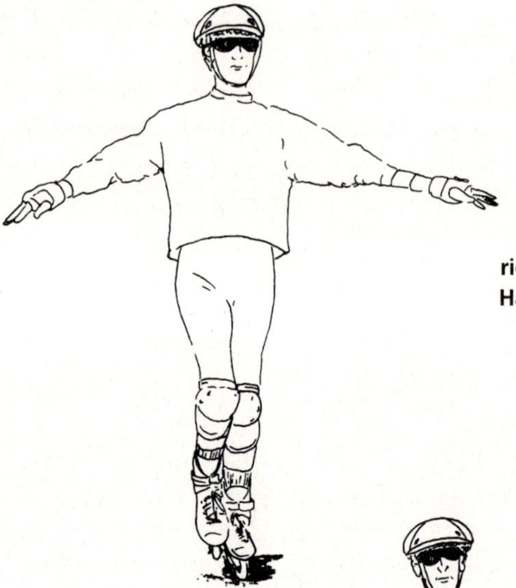

richtige Haltung

falsche Haltung

Gleichgewichtsübung auf einem Bein

6 Abbremsen und Stoppen für Fortgeschrittene

Wie wir in Kapitel 5 gesehen haben, ist das Einsetzen des Hackenstops der effektivste Weg, anzuhalten. Für mich ist er die allerbeste Methode. Es gibt aber noch mehrere andere Möglichkeiten, die Geschwindigkeit zu verringern und zum Halt zu kommen. Jede Methode hat ihre Grenzen, abhängig von den Fähigkeiten des jeweiligen Skaters, der Oberflächenstruktur der Straße, vom Gefälle und davon, wie schnell du anhalten möchtest. Lernen und üben solltest du alle, aber denk daran, der Hackenstop funktioniert am besten.

Abbrechen

Hier handelt es sich tatsächlich um eine verkürzte Hackenvollbremsung, weil du einen sofortigen Boden-Brems-Kontakt machst. Ich nenne es «Abbrechen» wegen des Geräusches, das durch das Gummi des Stoppers bei korrekter Ausführung der Bewegung produziert wird. Es hört sich wie das Pochen der Bremse des Autos oder des Fahrrads an. Chip, Chip, Chip. Damit läßt es sich toll in langsamerer Fahrt über Hügel und durch Täler laufen. Außerdem erhält man ein sofortiges Signal, ob der Stopper noch da ist und funktioniert. Allerdings darfst du beim Abbrechen nie nur eine Teilbewegung machen. Schließlich ist der Zweck ja die Kontrolle und Verlangsamung der eigenen Geschwindigkeit, um dann gegebenenfalls auch halten zu können.

Nachteil: Bremst du nämlich nicht vollständig ab, dann könnte es sein, daß du über den Stopper hinausschießt und so die Balance verlierst.

Vorteil: Ideal zur Geschwindigkeitskontrolle beim Abwärtsrollen und um zum völligen Stillstand zu kommen.

T-Stop

Der T-Stop ist eben der in der Form eines großen T. Wie fast alle Bewegungen, die wir bis jetzt ausgeführt haben, fangen wir auch diese im Stand an. Ohne zu rollen wird die Ausgangsstellung eingenommen. Dann holst du ein wenig Schwung und läßt dich rollen.

1. Die Beine in Parallelstellung; Nase, Knie und Zehen in einer Linie.
2. Gewicht auf den linken Fuß (Standbein) verlagern und das Gleichgewicht finden.
3. Den rechten Skate leicht nach hinten anheben, ungefähr 8 cm über dem Boden, die Spitze nach außen drehen. Die rechte Spitze vorsichtig auf den Boden aufsetzen, nach außen gerichtet und leicht hinter dir. Gewicht auf dem Standbein lassen.
4. Beide Knie beugen und den rechten Skate langsam nach innen zur Hacke des linken Standbeins ziehen. Rechten Fuß so biegen, daß die Innenkante mit allen Rollen gleichzeitig auf dem Boden aufliegt.
5. Gewicht nun auf die Innenkante der rechten Rollen verlagern. Dabei wird der hintere Skate die Tendenz haben, wegzuziehen. In dem Fall sollte der Knöchel weiter gebogen und etwas mehr Gewicht auf die rechte Hacke gelegt werden. Beugen des Standbeins, Schenkeleinsatz, um den hinteren Skate nah an der Hacke des vorderen zu halten. So weitermachen, bis du deine Geschwindigkeit kontrollieren und problemlos halten kannst.

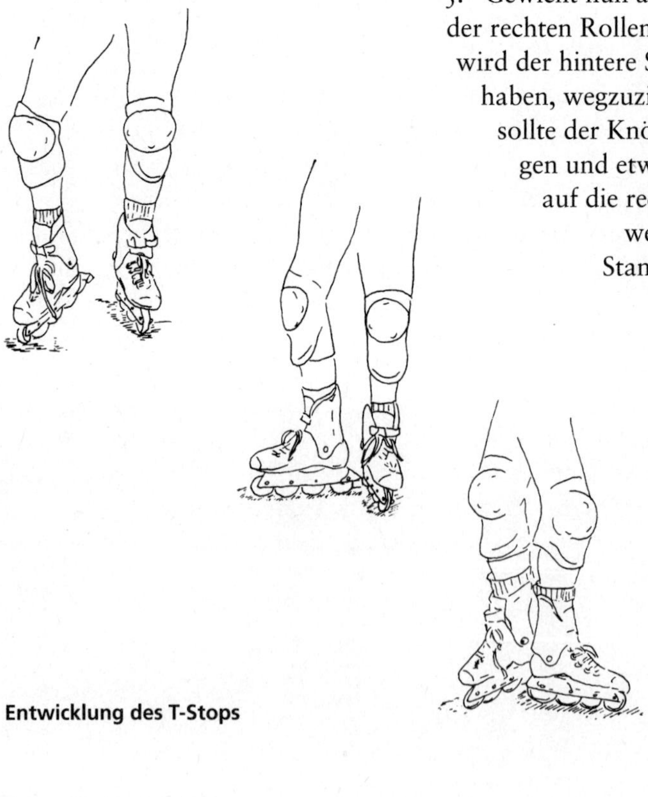

Entwicklung des T-Stops

Nachteil: Wegen der sonderbaren T-ähnlichen Stellung der Füße ist das Gewicht ungleich verteilt. Nicht zu empfehlen bei hohen Geschwindigkeiten oder steilen Abfahrten mit grober Oberfläche oder Schutt. Durch diese Bewegung werden die Rollen schneller abgenutzt. Das bedeutet, sie müssen häufiger umgesetzt und ausgewechselt werden. Und Rollen sind fast zehnmal so teuer wie der Stopper.
Vorteil: Diese Bewegung ist ziemlich beliebt bei Eisläufern und Rollerskatern, zumal sie eine gute Geschwindigkeitsverzögerung bedeutet.

Schneepflug

Die Methode des Schneepflugs kommt eigentlich aus dem Anfängerunterricht des Skilaufens. Der wichtigste Unterschied zwischen dem Schneepflug auf Skiern und dem auf Skates ist offensichtlich: Der Schnee fehlt.

1. Ausgehend vom Eierlaufen: über die Innenkanten auseinander, drehen auf der Hacke, Knie und Fußspitzen nach innen, und dann weiter über die Innenkanten zusammen.
2. Nach dieser Bewegung werden die Skates gerade eben über die Schulterlinie gerollt (oder etwas weiter, falls nötig). Knie stärker beugen, Fußspitzen und Knie bleiben nach innen gerichtet, während die Hacken nach außen drücken. (Würde man eine Linie von jedem Skate ziehen, dann würde vor dir ein «V» stehen.) Alle Rollen rollen gleichzeitig auf den Innenkanten über den Boden.

Tip: Möglicherweise erweist sich eine Armbewegung nach innen als hilfreich oder kommt ganz natürlich. Es ist eine irgendwie verdrehte Haltung. (Versuch es, und du wirst genau wissen, was ich meine.)

Schneepflug-Stop

Nachteil: Zeigen deine Skates nach außen, dann befindest du dich ziemlich außerhalb deines normalen Zentrums. In dieser Haltung wird es schwierig, über einen Zweig, eine Rille oder ein anderes Hindernis zu rollen, ohne das Gleichgewicht vollständig zu verlieren. Nicht zu empfehlen bei steilen Hängen oder engen Straßen.
Vorteil: Ausgezeichnet, um auf flachen Straßen oder am Ende eines Hangs, wo es keinen Schotter gibt, zu verlangsamen oder auch anzuhalten. Dies ist auch die grundlegende Haltung für eine Schneepflugwende (siehe dazu Kapitel 11) oder für den Hockey-Stop.

Hockey-Stop

Der Hockey-Stop wurde aus dem Eishockey übernommen. Er basiert auf denselben Prinzipien wie die Schneepflugwende und ist der aggressivste und eindrucksvollste Stop von allen. Im Skating wird, anders als im Eishockey, nur ein Fuß eingesetzt, und natürlich gibt es kein Eis. Versuch diese Methode nur dann, wenn du den Schneepflug oder das Umschleifen (= auf rückwärts drehen) schon beherrschst.

Hockey-Stop

1. Ausgehend vom zweibeinigen Eierlaufen: auseinander und über die Drehung auf der Hacke dann weiter zusammen über die Innenkanten der Rollen. Denk daran, das Gewicht beim Auseinandergleiten immer auf den Innenkanten zu lagern.
2. Nun die Schneepflugwende mit der nach außen gerichteten Bewegung: Beugen des rechten Knies, Druck auf die Innenkante der rechten Rollen legen und dann nach links verlagern.

Entwicklung des Hockey-Stops

Nun Beugung des linken Knies, Druck auf die Innenseite der linken Rollen legen und dann nach rechts verlagern. Der Bewegungsimpuls sollte nach vorne gerichtet sein. Die Schultern bilden mit den Knien ein Quadrat. Bereite dich auf einen linksfüßigen Hockey-Stop vor, der dich nach rechts bringen wird.

3. Während des nach außen gerichteten Zuges des linksbeinigen Eierlaufens wird das Gewicht auf den rechten Skate verlagert und das rechte Knie gebeugt. Bring den linken Skate mittels Fahrtimpuls nach vorne zu einem Halbkreis. Laß den linken Knöchel bis zur äußersten Innenkante herunterfallen, ohne dabei das Gewicht vom rechten Knie zu nehmen. Der linke Skate wird senkrecht in die Bewegungsrichtung zeigen, der rechte dagegen zeigt in die Richtung, aus der du kommst. Dein Oberkörper wird nach rechts gewandt sein.
4. Erneut mit erhöhter Geschwindigkeit versuchen. Je tiefer die Beugung auf die Innenkante des vorderen Skates geht, desto sicherer gelingt der Halt.

Eine alternative Methode ist das Umschleifen (= auf rückwärts drehen).

Nachteil: Die lange Beindehnung verstärkt die Gefahr einer Muskelzerrung. Wenn die Straße nicht frei von Hindernissen ist – die Rollen verfangen sich in einer Rille –, können Knöchel oder Knie Verletzungen davontragen. Je tiefer die Beuge, desto größer die Gefahr, sich zu schrammen und vielleicht die Seite der Schiene und den Stiefel kaputtzumachen. Kontrolliere auf

jeden Fall die Bolzen nach so einem Stop. Sie dürfen nicht verbogen oder platt gedrückt sein. Die Bewegung bedeutet auch immer zusätzliche Abnutzung der Rollen. Nach ein, zwei gut ausgeführten Hockey-Stops müssen wahrscheinlich die Rollen rotiert werden.
Vorteil: Der Hockey-Stop wirkt schneller als ein Hacken-Stop, auf Kosten der Skates. Außerdem sieht er verdammt eindrucksvoll aus.

Windfang

Steh aufrecht, die Arme seitwärts ausgestreckt, die Finger gespreizt wie die Flügel eines Vogels. Die Auswirkung auf deine Geschwindigkeit ist bemerkenswert, oder? Das hat mit dem Windwiderstand zu tun. In sackartiger Kleidung verfängt sich mehr Wind als in enganliegender. Beides kann die Geschwindigkeit hügelabwärts um 10 Prozent verändern.
Nachteil: Der Anfänger, der einen Hang hinabrollt, will ohnehin nicht gerne ganz aufrecht stehen. (Bring deine Mitte weiter nach unten.)
Vorteil: Sind Windbedingungen und Kleidung richtig, könnte man zum Fliegen abheben.

Rasen

Dies ist die beste, garantiert wirksame Methode, die die Natur frei Haus liefert. Kontrollverlust auf einem Hang: Ab ins Grüne! Vor dem Kontakt mit dem Rasen kommen die Füße in die Schere, und dann sofort mit einem schnellen Wippen anfangen. Versuch nicht, flach und glatt zu rollen.
Nachteil: Der Boden weist Unebenheiten auf, die unter dem Gras nicht sichtbar, jedoch fühlbar sind. Der Besitzer wird zudem ziemlich sauer sein, daß du seinen Rasen ruinierst.
Vorteil: Es könnte deine einzige Chance sein.

7 Skaten für Fortgeschrittene

Ein guter Grund dafür, die eigene Fähigkeit als Skater zu verbessern, liegt darin, wettbewerbsfähig zu werden. Der In-Line-Sport ist in den USA noch jung und verbreitet sich erst langsam weltweit. Das Feld der Wettkämpfer ist bis heute noch nicht fest abgesteckt, was heißt, es gibt noch genügend Möglichkeiten für die Anfänger von heute, die möglichen Olympiasieger von morgen zu werden. Neben den ganzjährigen Rennveranstaltungen, die von vielen Skate-Herstellern und örtlichen Organisationen gesponsert werden, gibt es berechtigte Hoffnungen, daß bei den Spielen 1996 in Atlanta Skating olympische Disziplin sein wird. Du befindest dich also in bester Gesellschaft. Ganz nebenbei bemerkt, Mitglieder des US-Olympia-Teams im Eisschnellaufen und Skilanglaufteams trainieren außerhalb der Saison auf In-Lines.

In vorherigen Kapiteln haben wir die Grundstellungen des Körpers gelernt: Nase, Knie, Fußspitzen, Gewichtsverlagerung von einem Skate auf den anderen und, mit dem Ziel des längeren Gleitens, das Zusammenführen der Füße. Nun geht es weiter zum kraftvollen Skaten. Vielleicht fragst du: «Warum soll ich mich um einen fortgeschrittenen Standard beim Skating bemühen? Ich bin glücklich damit, wie ich es kann!» Nun, die Antwort ist einfach. Ob du nun ein schneller, ein Hockey-, Kunst- oder nur ein besserer Freizeitskater werden möchtest, ein stärkerer, effizienterer Schritt wird dein Laufen weit weniger anstrengend machen. Du wirst länger auf deinen Skates stehen können, ohne müde zu werden.

Die Laufbewegungen, die wir lernen werden, basieren auf Variationen aus dem Eisschnellauf, kombiniert mit traditionellen Rollschuhtechniken. Dabei ist es egal, ob du zur Übung und selbst beim Wettkampf die Drei- oder Vier-Rollen-Modelle benutzt. Viele Rennen wurden auf den kürzeren Skates gewonnen. Aber die Skates mit fünf Rollen, die man auch «Skeeler» nennt, haben eine längere Rollenbasis, die die Geschwindigkeit erhöht. Diese größere Länge (ungefähr 41 cm, verglichen mit 25 bis 31 cm) gibt dem Skate mehr Rolloberfläche, was den Schritt fester und balancierter macht.

Sehr häufig kann man die Einzelteile eines Schnellaufskate kaufen und ihn selbst zusammensetzen. Wie auch immer, entsprechend der Popularität des

Sports stellen die meisten Skate-Hersteller ihre eigenen Schnellaufmodelle her. Die Stiefel-, Rollen- und Lagertypen variieren von Fabrikat zu Fabrikat. Allerdings findet man oftmals dieselben Rollen oder Stiefel nur unter einem anderen Markennamen. Ebenso ist es mit den Ersatzteilen.

Der Schnellaufskate

Der Stiefel: Im Normalfall hat der Schnellaufskate einen niedrigeren Stiefelschaft, der weniger Knöchelunterstützung (Halt) bietet und eine tiefere Krümmung zuläßt. Für kürzere Strecken (10 bis 50 km) ist der niedrigere Stiefel gut geeignet. Aber bei jeder längeren Strecke (das alljährlich stattfindende Rennen von Athen nach Atlanta ist 85 Meilen = ca. 137 km lang) macht eine zusätzliche Unterstützung der Knöchel, egal, wie kräftig deine Beine sind, das Laufen sehr viel leichter.

Schnellaufskate

Die Schiene: Sie sollte eine starre, aus einem Stück bestehende Einheit sein. Such dir eine mit der geringsten Verwindungsmöglichkeit aus. Das wird deinen Lauf stabiler machen, und die Skates können besser auf deine Bewegungen reagieren. Die Schiene sollte gekantert sein (außerhalb des Zentrums in Richtung der Innenkante des Stiefels angebracht sein). Damit kann der Skater einen längeren Schritt machen, ohne den Kontakt zum Boden zu verlieren. Viele feststehende Schienen sind schon gekantert, während einige andere regulierbare Bolzen haben. Eine gekanterte Schiene erzeugt anfangs das Gefühl, etwas aus dem Gleichgewicht zu sein, man gewöhnt sich jedoch daran.

Kugellager: Schnellaufskates sollten mit Präzisionslagern ausgestattet sein, um schneller und ausgewogener zu drehen. Der Standard ist das ABEC-Spezialsystem, auf das sich Lagerhersteller weltweit geeinigt haben. Das beste und teuerste Kugellager ist ein ABEC-5 Spezial. Für den Transport werden die Kugellager normalerweise in schwere Schmiere gepackt, die die Drehung verlangsamt. Mit Naphthalin oder einem anderen Lösungsmittel vor Gebrauch säubern wie vorher beschrieben.

Rollen: Variieren in Durchmesser und Härte, und es ist immer noch unklar, ob nun eine härtere oder eine weichere Rolle größere Schnelligkeit bringt. Das hängt von mehreren Variablen ab: der Temperatur, der Straßenoberfläche und – mit wem man redet. Weiche Rollen, die eine Härte von 78 A oder weniger haben, haften an heißen Tagen an der Straßenoberfläche und laufen schneller ab, sind allerdings besser für schnelle Beschleunigung. Härtere Rollen, 80 A oder mehr, können auf weichem Asphalt wegschliddern und federn Stöße nicht so gut ab, sind aber auf längeren Strecken in der Regel besser. Neue Rollentypen werden ständig getestet und auf den Markt gebracht, mit Hohlgehäusen, die die Rollen kühler halten und länger gebrauchsfähig machen sollen. Da dein Skater-Leben wahrscheinlich durch mehrere Rollensets gesegnet sein wird, experimentierst du am besten selbst mit den verschiedenen Bedingungen. Du wirst schon die beste Rolle für dich finden.

Bevor wir zu den Schnellauftechniken kommen, möchte ich einiges wiederholen, worauf du keinesfalls verzichten solltest:

1. Neben den gewöhnlichen Handgelenks-, Ellbogen- und Knieschützern ist ein Helm unumgänglich. Je schneller die Fahrt wird, desto größer ist auch das Risiko eines ernsthaften Sturzes. Je größer die Geschwindigkeit, desto länger könntest du durch die Luft segeln. Je länger du dich ohne Gleichgewicht in der Luft befindest, desto geringer sind deine Chancen, auf den Füßen zu landen, also Helm!
2. Wegen der niedrigen Körperhaltung und des langen Zeitraums mit gebeugtem Rücken werden sich Schmerzen im unteren Rücken- und Nackenbereich einstellen. Mit der richtigen Dehnung vor und nach dem Skaten und dem Training von Bauch- und Rückenmuskulatur kann man den Schmerz zwar nicht ganz vermeiden, aber entscheidend verringern. Jeder permanente Schmerz erfordert eine Pause und möglicherweise medizinische Versorgung.
3. Die meisten Schnelläufer montieren ihre Stopper vor einem Rennen ab. Der Stopper dient aber der Sicherheit. Je schneller jemand fährt, desto mehr benötigt er einen effektiven Weg des Haltens. Der T- und der Hockey-Stop funktionieren bei hoher Geschwindigkeit schlecht. Sollten

das aber deine einzigen Methoden sein, dann wähl das T. Denk daran, nicht immer fährst du in einer geschlossenen, verkehrsfreien Gegend. Also, der Stopper bleibt dran!

Körperhaltung

Hast du jemals versucht, an einem besonders stürmischen Tag gegen den Wind zu gehen? Dann hast du wahrscheinlich gemerkt, daß du dich instinktiv nach vorne gelehnt, den Körper in eine aerodynamischere Haltung gebrachst hast, um so den Wind zu durchschneiden und den Widerstand zu verringern. Das ist auch eines der wichtigsten Prinzipien für Schnelligkeit: Wie durchschneide ich die Luft wirkungsvoller?
Abhängig vom Wetter, in dem du Täler oder Hänge beläufst, wird der Winkel deines Oberkörpers zum Boden sich drastisch verändern. Hügelaufwärts ist die Haltung aufrechter, hügelabwärts komprimierter, zusammengekauerter. In Tälern überbetont eine richtige Körperhaltung des Läufers jene zusammengepreßte Haltung, indem sich der Oberkörper vorwärts verlängert. Jeder Mensch ist anders geformt und hat deshalb einen anderen Gleichgewichtspunkt, was wiederum nicht ohne Einfluß auf das Wohlgefühl in der Schnellaufhaltung bleibt. Jeder sollte die ihm angenehme Haltung selbst finden: in den Knöcheln, Knien und der Taille nach vorne beugen, die gebeugten Ellbogen auf die Knie. In dieser Haltung bleiben, die Ellbogen herunternehmen und die Hände auf den Rücken legen. Einige Zentimeter hochkommen.

Abfahrtshaltung

Die Hüften sollten ungefähr 45 Grad gebeugt sein. Knie und Fußspitzen sollten in einer Linie bleiben, während sich der Brustkorb über den Knien befindet. Nun sieht es so aus: Brustkorb, Knie, Fußspitzen in Haltung. Nach vorne sehen! Ist die Beugung beim Start zu tief, so daß sowohl der Schritt als auch das Zurückkommen in die Ausgangsposition schwerfällt, etwas höher kommen, um dich anzupassen. Dies ist dann deine Schnellaufhaltung.

1. Der Rücken: Er sollte eine bequeme Beugung haben. Bei jedwedem Schmerz oder einer Spannung solltest du die Beugung verringern, und zwar so lange, bis dir die Haltung bequem erscheint. Je kräftiger dein Rücken wird, desto länger kannst du in der tiefen Beugung verharren. Brustkorb und Schultern befinden sich parallel zum Boden. Diese Haltung solltest du beibehalten, dich also nicht mit dem Oberkörper seitlich wegdrehen.

2. Die Beine: Idealerweise sollten die Knie in einem Winkel von 95 bis 105 Grad gebeugt sein. Nun verlagerst du das Gewicht vorsichtig nach hinten, weg von den Fußspitzen. Das ist genau das, was du tun willst, wenn du rollst. Das Gewicht auf den vorderen Rollen bringt nur einen schleppenden Effekt und provoziert, daß du dich in einem Hindernis verfangen und stürzen könntest.

3. Die Arme: Beim Rennen oder allgemein beim Skaten können die Arme für Geschwindigkeit und Gleichgewicht gleichermaßen hinderlich wie förderlich sein. Eine Möglichkeit, einen stromlinienförmigeren Effekt zu erzielen, ist die, die Arme auf dem Rücken zu halten, die Hände sind gefaltet und ruhen auf dem unteren Rücken. Tritt dabei ein Gleichgewichtsproblem auf, kann eine Hand zur Zeit auf dem Rücken gehalten werden. Später mit beiden Armen versuchen. Die Ellbogen müssen nah am Körper anliegen. Dafür werden die gefalteten Hände tiefer auf den unteren Rücken in Richtung Po gelegt.

Schnellaufhaltung

Der Armschwung ist für jeden von uns eine ganz natürliche Bewegung. Wenn wir spazierengehen, bewegen wir unsere Arme immer gegen die Beinbewegung. Wenn das rechte Bein vorne ist, ist der linke Arm vorne und umgekehrt. Beim Skaten und beim Vorwärtsstreben in der Bewegung von Seite zu Seite könntest du so das Gleichgewichtszentrum verlieren und fallen. Die Arme sollten in einem Vor-und-zurück-Schwung, wie ein Pendel, bewegt werden. Bei einem Synchron-Rhythmus der Beine und Arme ist auffällig, wie fließend und schnell der Körper sich vorwärts bewegt.
Armschwung üben:

Armschwung

1. Schnellaufhaltung durch Vorwärtsbeugung in der Taille einnehmen.
2. Die Schulter wird zum Drehpunkt des Schwungs: Der rechte Arm wird in einem Winkel von 15 Grad gebeugt und direkt am Körper nach hinten geführt. Er darf nicht angewinkelt oder über den Körper geführt werden. Er sollte hinter der Schulter bleiben. Halten und die Position einprägen. Den Arm entspannen.
3. Ohne die Körperhaltung zu verändern, wird der im Ellbogen gebeugte rechte Arm nach vorn geführt, den Daumen vor die Nase. Der Ellbogen zeigt Richtung Boden. Armhaltung einprägen.
4. Nun mit dem Schwung anfangen, erst langsam, indem der hinten liegende Arm angehoben und dann nach unten geschwungen wird, vorbei an der Seite, einen Bogen formend. Fängt der Arm mit einer nach oben gerichteten Bewegung an, bleibt der Ellbogen gebeugt, und die Nase wird angezielt. Nun umgekehrt, von vorne nach hinten. Finde einen Takt, indem du die Knie in die Bewegung nach unten bringst, dann beim Hochkommen nach oben. Nun mit dem linken Arm.

OOOO Damit du dir nicht selbst ins Auge stichst, knick den Daumen nach innen ein und stoppe die Bewegung gerade vor dem Gesicht.

Der Schritt

Je länger der Schritt, desto effektiver das Laufen. Also los:

1. Gewichtsverlagerung: Klingt vertraut, oder? Trotzdem möchte ich etwas ausführlicher werden. Das Verlagern des Gewichts von einem Bein auf das andere faßt die Grundlagen des Skating zusammen. Doch auf einem fortgeschrittenen Niveau verlagerst du nicht nur das Gewicht, ausgehend vom Gleichgewichtszentrum, sondern begibst dich tatsächlich in die Bewegung. Schwerkraft hilft bei der Entwicklung der Vorwärtstriebkraft, und zwar ohne Muskeleinsatz. Zum besseren Verständnis folgende Übung:

1. Ohne Skates, die Füße parallel und zusammen, die Knie gebeugt, Brustkorb, Knie, Fußspitzen. Hände auf dem Rücken.
2. Den rechten Fuß ungefähr 13 cm vom Boden abheben und über den linken Knöchel legen. Langsam auf die rechte Seite fallen, wieder abfangen. Bis der Fuß den Boden berührte, um den Fall abzufangen, entstand durch die Fallbewegung Triebkraft. Und zwar ohne den Einsatz von Muskelkraft. Stell dir nun vor, anstelle des Fußes hättest du Rollen. Es hätte keinen so plötzlichen Halt gegeben, du wärst gerollt, und zwar schnell. Also, verlaß dich beim Gehen nicht rein auf die Arbeit deiner Muskeln – laß dir von der Natur helfen. Nun zieh deine Skates an und trainiere das Fallen.

Um aus dem Fallen ein Vorwärtsrollen zu machen, fängst du an, mit langsamem Schritt zu rollen. Die parallel gehaltenen Skates zeigen nach vorne, Brustkorb, Knie, Fußspitzen. Den rechten Skate hochheben und über dem linken Knöchel halten. Für das Gleichgewicht ist das linke (Stand-)Bein zuständig. Das Gewicht auf die rechte Seite verlagern und dabei den langsamen Fall zur Seite und leicht vorwärts kontrollieren. Zeigen die Rollen geradeaus, wirst du auch geradeaus rollen. Bitte keinen Muskel bewußt einsetzen. Die Skates könnten in einem kleinen Winkel nach außen ziehen. Einfach mitmachen – das korrigieren wir später. Nun, beim Rollen auf dem rechten Skate, wird das Gewicht verlagert, um darauf das Gleichgewicht zu halten. Der linke Skate wird angehoben, und der Fall geht nun nach links. Einige Male üben, bis das Fallen weniger gewollt und eher fließend abläuft. Schultern und Hüften sind immer parallel zum Boden und zur Bewegungsrichtung ausgerichtet.

2. Der Start: Nun wird es Zeit, einige Muskeln einzusetzen, um zum Laufen zu kommen. Vielleicht machst du es schon ganz unbewußt. Wenn der rechte Skate zur Seite fällt, wird sich der linke zur Innenkante winkeln und zu rollen beginnen, parallel zur Linie der Bewegung. Das ist das Vorspiel zum Start, dem «Push-Off». Für den Start selbst wird einfach eine kleine Muskelaktion in Richtung der Schrittmitte eingesetzt. Ich nenne es «Side-Glide» (seitliches Driften). Beim Abstoß solltest du dich darauf konzentrieren, den Fuß flach zu halten, alle Rollen auf dem Boden. Dann bilden sie eine feste Tragfläche, die dir Stabilität verleiht, um so weiter vorwärts zu drücken. Versuch nun, ein paralleles seitliches Driften hinzuzufügen, indem du im mittleren Teil jeder Fallbewegung abstößt. Das Fallen sollte nun einen größeren Sinn in dem allgemeinen Bewegungsmuster machen.

3. Beinstreckung: Unabhängig von der Beinlänge wird die Anstrengung dadurch maximiert, daß der Skate beim Abstoß ganz weit seitwärts hinausgestreckt wird. Kurze, abgehackte Schritte über lange Strecken erschöpfen nur und sehen nicht besonders gut aus. Zuerst gilt es, die maximale Schrittlänge in jeder Position herauszufinden. Je tiefer der Körper heruntergebeugt werden kann, desto weiter seitwärts geht das Bein.
Aufrecht stehend, mit leicht gebeugten Knien, machst du einen Schritt nach rechts und streckst das rechte Knie durch. Je nach Beinlänge kann es sein, daß die Füße nur einen Abstand von ungefähr 25 cm erreichen. Nun langsam herunterbeugen, Brustkorb, Knie, Fußspitzen, alle paar Zentimeter probieren, wieviel weiter das Bein zu Seite geht. Am Ende der Seitendehnung läßt du den Skate auf seine Innenkante fallen. Überraschenderweise bringt das Kanten noch einige Zentimeter mehr. Schließlich, abhängig davon, wie tief die Beugung ist, könnte der ursprüngliche Abstand in der aufrechten Haltung verdreifacht werden. Nun wird die Beinstreckung dem Abstoß hinzugefügt. Der zusätzliche Stoß des ganz ausgestreckten Beines wird die nach vorne gerichtete Kraft vergrößern.

4. Recovery (Zurückführen des Schwungbeins in die Ausgangsposition): Natürlich muß das ausgestreckte Bein wieder in die ursprüngliche Haltung zurückgebracht werden. Das ist der kritische Punkt, nicht nur, weil der Skate am Ende des Schrittes keinen Bodenkontakt mehr hat, sondern auch, weil diese Bewegung zwei Schritte verbindet. Das Zurückkommen in die Ausgangsposition besteht aus zwei einzelnen Schritten, die, wenn sie verbunden werden, einen glatten Übergang in den nächsten Schritt darstellen.

Zurückführen des Schwungbeins in die Ausgangsposition, Vorderansicht

a) **Heben:** Bei der vollendeten Beinstreckung wartest du mit dem Abheben der Rollen vom Boden bis zum allerletzten Moment. Das Heben solltest du dir als eine Fortführung des Schrittes vorstellen, nur spielt er sich eben ein paar Zentimeter über dem Boden ab. Das garantiert eine maximale Streckung.

b) **Zurück:** Nachdem die Rollen einmal angehoben sind, sollte das Zurückbringen eine schnelle, kontrollierte Bewegung direkt unter den Hüften sein. Es gibt zwei Denkrichtungen für das Zurückholen des Beines:
a) direkt: Das Bein geht in einer geraden Linie zur Innenseite, von hinten zurück in die zentrale Haltung.
b) kreisend: Der Skate beschreibt einen Kreis von der Seite nach hinten und geht dann in die zentrale Haltung.

Beide Methoden funktionieren. Finde heraus, welche Art dir mehr liegt.

5. Aufsetzen: Nachdem wir durch die meisten der vorbereitenden Übungen für den Schritt gegangen sind, geht es nun darum, die Rollen effektiver als bei der ursprünglichen Fallbewegung auf den Boden zu setzen. Das richtige Aufsetzen des Skates optimiert alles bisher Gelernte. Der raffinierte Teil dieses Übergangs ist der, daß während des Falls das Standbein tatsächlich zum antreibenden Bein wird.

Nach dem Zurückführen sollten Standbein und Körper wieder in der ursprünglichen Brustkorb-, Knie-, Fußspitzenhaltung sein. Das sich erholende Bein befindet sich unter den Hüften, ist im Kniegelenk gebeugt, zeigt nach vorne. Der Skate befindet sich hinter dem Körper mit der Fußspitze nach unten. Das Aufsetzen erfolgt als Teil des Falls. Der Skate muß parallel und mindestens zur Hälfte vor dem Standbein (das sich auf dem Boden befindet) aufkommen. Der Skate sollte flach, mit leichtem Druck auf den hinteren Rollen, nicht den vorderen, aufgesetzt werden. Alle Rollen sollten zur gleichen Zeit mit dem Boden Kontakt aufnehmen. In dem Moment der Bodenkontaktaufnahme wird dieses Bein sofort zum Standbein. Das ursprüngliche Standbein wird dann das antreibende Bein. Und die gesamte Bewegungsfolge läuft erneut ab.
Der Fall führt in das Absetzen, der wiederum zum Abstoß, es folgt die Beinstreckung, die dem Abstoß Kraft gibt; die Streckung endet mit einem Heben und Zurückführen, was gleichzeitig den nächsten Schritt vorbereitet, der mit dem Fall beginnt, in das Aufsetzen geht und so weiter.
Auch wenn sich das kompliziert anhört, wirst du den vollständigen Bewegungsfluß nach einigen Versuchen verstehen. Es gibt noch etwas, das diesem Ablauf hinzugefügt werden kann, wenn der erst einmal sitzt.

6. Power-Push: Der Unterschied zwischen Skating und ernsthaftem Schnellauf ist die Welle der Kraft am Ende jeden Schrittes. Der Power-Push konzentriert die gesamte Beinstärke in einem kleinen Bereich, in die letzten 20 bis 30 cm der Beinstreckung. In dieser Bein- und Körperhaltung können alle Muskeln konzentriert eingesetzt und in voller Kraft genutzt werden. Der letzte Stoß bringt den Skate auch in die Hebebewegung für ein leichteres Recovery.

8 Kurven und Rückwärtslaufen

Nicht alle Straßen, auf denen du rollst, sind perfekt und gerade. Es gilt Straßenecken zu umgehen, Hindernisse zu meiden, ebenso ist der eigene Impuls zur Richtungsänderung zu bedenken. Die Fähigkeit, richtige Kurven zu fahren, verleiht ein völlig neues Gefühl des Vertrauens in die Skates.

Übersetzen in der Kurve

In deinem Skate-Gebiet solltest du eine weite Kurve fahren können, ohne auf Unvorhersehbares zu stoßen. Ein Parkplatz (ohne Autos), Spielfeld oder Schulhof sollte dir genügend Raum dafür bieten, um mit der neu entdeckten Roll-Freiheit zu experimentieren.
Wie alles andere beim Skating, so ist auch das Prinzip des Kurvenlaufens einfach. Zuerst muß man sich entscheiden, welche Richtung man anstrebt, und der dann folgen. Wenn du dich allerdings von dem großartigen Ausblick rechts fesseln läßt, in Wirklichkeit nach links strebst, wirst du nur das Gleichgewicht verlieren. Also, vor jeder Richtungsänderung oder irgendeiner entsprechenden Bewegung – konzentriere dich ganz darauf.

1. Anpeilen und Rollen: Selbst der einfachste Schritt kann verkompliziert werden, indem man zuviel darüber nachdenkt. Jedes Detail des Kurvenlaufens ließe sich erklären, aber das würde die Einfachheit der Bewegung verschleiern. Der einfachste Weg zur Richtungsänderung ist der: denken, sehen, anpeilen und in die angestrebte Richtung rollen. Und du wirst dorthin gelangen.

2. Crossover: Der Begriff «Crossover» widerspricht der tatsächlichen Bewegung. Die Skates werden nicht wirklich gekreuzt, sondern der vordere Fuß schwingt hinaus, wird über das andere Bein geführt und auf der anderen Seite abgesetzt. Diese Bewegung bewahrt die hintere Rolle oder den Stopper davor, sich im Stiefel zu verheddern. Fang mit einer einfachen Übung an.

1. Stelle die Beine parallel in einem Abstand von ungefähr 15 cm voneinander.
2. Das Gewicht lastet auf dem rechten Skate, das linke Bein schwingt hinaus, hinüber und runter, so daß sich die Beine im Oberschenkelbereich kreuzen und die Füße nach außen parallel gerichtet sind. (Die Außenseiten der Füße schauen sich an.) Keine Angst, überraschenderweise wirkt diese Haltung ganz natürlich, wenn man sie erst einmal ausprobiert hat. Einen Moment so stehenbleiben und das Gleichgewicht finden. Nun wird der linke Skate in seine ursprüngliche Parallelposition zurückgeführt. Üben, bis die Bewegung leichtfällt.

ᴑᴑᴑ Deine Füße sollten immer in Parallelhaltung sein. Verdrehen sie sich beim Rollen, dann stoßen die Skates gegeneinander, was dazu führen könnte, daß du über dich selbst stolperst.

Das richtige Übersetzen

3. Geh nun seitwärts nach rechts, dabei ist der linke Fuß mit der Außenseite parallel zum rechten. Es ist eine völlig natürliche Bewegung. Das Gewicht wird vom rechten Fuß auf den linken und dann wieder auf den rechten verlagert. Dabei soll der Fuß flach und parallel aufgesetzt sein. Nicht die Skates überkreuzen! Fünfmal in jede Richtung. Dann im Rollen.

Das wird zuerst ein komisches Gefühl sein. Vielleicht hast du sogar Angst davor, daß sich die Beine beim Rollen verdrehen. Mach dir keine Gedanken. Solange die Skates flach aufkommen und parallel bleiben, wirst du instinktiv in ein stehendes Rollen kommen.

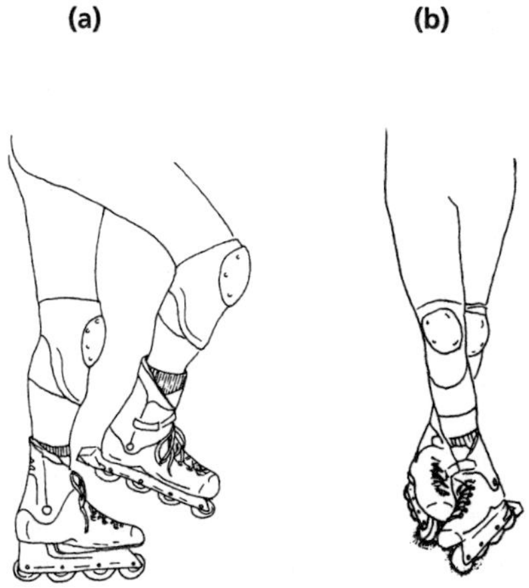

Falsches Übersetzen,
a) seitlich, b) von vorn

ᴑᴑᴑᴑ Das Übersetzen ist immer eine Fortführung des Schrittes: Schritt des rechten Beins – Übersetzen des rechten Beins. Schritt des linken Beins – Übersetzen des linken Beins. Zuerst geradeaus versuchen, bevor du tatsächlich in eine andere Richtung gehst.

1. In die Knie-, Nasen-, Fußspitzenhaltung gehen.
2. Mit einem normalen Abstoß ins Rollen kommen, das Gewicht von einem Skate auf den anderen verlagern. Nicht zu schnell rollen.
3. Abstoß mit dem rechten Skate, wobei das Gewicht auf den linken Fuß verlagert wird, das linke Knie sollte dabei gebeugt sein. Den rechten Skate vom Boden abheben und das rechte Bein kontrolliert langsam hinausschwingen, die Fußspitze voraus und über den linken Fuß übersetzen. Den rechten Skate flach in einer Außenseiten-Parallele aufsetzen.
4. Sobald der Bodenkontakt hergestellt ist, wird das Gewicht auf den rechten Fuß verlagert, der linke Fuß gehoben und zurück in ein Parallelrollen gebracht. Das ist es schon!

Tip: Viele Anfänger haben die Neigung, so zu übersetzen, daß die Hacke den übersetzenden Fuß führt. Geschieht das, dann könnte sich der Fuß beim Aufsetzen mit dem anderen verhaken. Immer mit der Spitze in die angestrebte Richtung zielen, so daß der Skate parallel aufkommt.

Nun wird die vollständige Bewegung geübt. Mit dem rechten Bein anfangen, drei Stöße zählen, rechts-links-rechts, übersetzen, zurück und stehen. Wieder, rechts-links-rechts, übersetzen, zurück und stehen. So lange üben, bis die Bewegung ganz natürlich erscheint.

ᴑᴑᴑᴑ Die meisten Leute haben größere Schwierigkeiten dabei, ihr linkes Bein über das rechte zu setzen. Ein Typ erzählte mir, daß das wegen der Erdumdrehung so wäre. Ein anderer behauptete, daß es von irgendeinem Un-

terschied zwischen der rechten und der linken Gehirnhälfte abhinge. Meiner Meinung nach besteht das Problem darin, daß wir solchen Typen zuhören.
Dieselbe Bewegung nun mit dem Gewicht auf dem rechten Skate versuchen und mit dem linken übersetzen. Es heißt dann: links-rechts-links, übersetzen, zurück und stehen. Wenn, aus welchem Grund auch immer, es schwieriger ist, den linken über den rechten zu setzen, bloß nicht aufgeben! Nur linksseitige Kurven fahren bringt keinen Spaß, ist auch unsinnig. Je mehr einer das Übersetzen rechts und links von Anfang an trainiert, ein um so besserer All-Around-Skater wird er sein.
In jedem Skatebereich, sei es nun Kunst- oder Schnellauf, gibt es viele Überschneidungen und Unterschiede, sowohl bezüglich der Körperstellungen als auch der Technik. Beim Übersetzen in der Kurve, auch wenn sich die Stile unterscheiden mögen, bleibt das grundlegende Prinzip gleich. Die meiste Zeit hat nur ein Bein Kontakt zum Boden. Man befindet sich also im Zustand des Fallens. Entscheidend dabei ist, die Position der Beine unter dem Körper als Unterstützung und die Arme zur eigenen Stabilisierung einzusetzen und sich von der Zentrifugalkraft so lange aufrecht halten zu lassen, um wieder auf die Füße zu kommen.
Es gibt drei Möglichkeiten, Kurven zu laufen, und zwei davon sind falsch.
Falsch: Programmierst du dein Denken nach rechts, obwohl du eine Kurve nach links anstrebst, dann wird sich der Körper nach rechts drehen, was möglicherweise einen Sturz zur Folge haben wird.
Geradeaus denken, aber nach links wollen, bringt den Körper dazu, sich weiter geradeaus zu bewegen.
Richtig: Willst du nach links, mußt du links denken, sehen und dich darauf programmieren; dann wirst du dich auch nach links bewegen.
Ganz allgemein, je tiefer du dich in der Taille beugst und in die Kurve legst, desto extremer wird die Kurve ausfallen. Je aufrechter du stehst, desto gerader ist die Bewegungsrichtung. Je fortgeschrittener du wirst, desto schärfer werden die Kurven und desto kleiner werden die Kreise. Schließlich wirst du wie Hockeyspieler Haarnadelkurven mit Leichtigkeit nehmen können. Nun versuch einen Kreis zu finden, den du als Orientierung benutzt, oder stelle dir einen vor. Anfangs sollte der Durchmesser des Kreises für deine artistische Arbeit 6 m im Durchmesser betragen. Such dir also eine Gegend von der Größe eines Basketballfelds, um Geschwindigkeit zu trainieren. Nach und nach kannst den Bereich verkleinern oder vergrößern, um verschiedene Techniken zu trainieren. Zur Vereinfachung: Alle Vorwärtskurven werden gegen den Uhrzeigersinn, rechts über links, erklärt.

3. Kunstkurve:

Weil im Kunstlauf das Augenmerk auf Schönheit und Grazie liegt, solltest du um einen tänzerischen Stil und entsprechende Körperhaltung bemüht sein.

1. Den Oberkörper gerade aufgerichtet, die Knie gebeugt.
2. Die Arme seitlich parallel zum Boden hochheben. Den linken Arm nach vorn, den rechten diagonal nach hinten, die Handinnenflächen zeigen in den Kreis.
3. Mit dem linken Fuß abstoßen, zur Seite und dann leicht zurück. Das Gewicht auf das rechte gebeugte Knie verlagern und in den Kreis legen. Der rechte Skate wird anfangen, sich auf der Außenkante zu winkeln. Das ist der Beginn des Unterkreuzens.
4. Das linke Bein ganz ausstrecken, hinausschwingen, herum, dann den linken Skate fast genau vor dem rechten abstellen, während sich das linke Knie für eine glattere Landung beugt.
5. Währenddessen drückt sich das rechte Bein unter dem linken weg, unterstützt so die Triebkraft. In dem Augenblick, in dem der linke Fuß mit dem Boden Kontakt aufnimmt, ist der rechte Fuß bereit, wieder die erste Position einzunehmen.

Die ganze Bewegung sollte geschlossen und fließend sein. Die Arme fühlen sich so an, als ob sie den Kreis umarmen würden. Nun die Anweisungen umdrehen, so daß die Bewegung entgegen dem Überzeigersinn erfolgt.

4. Speed-Turn: Das Ziel des Schnelläufers ist eindeutig: Schnelligkeit. Du willst nicht nur kräftige Übersetztechniken anwenden können, sondern auch einen effizienten Armschwung, um die Beschleunigung voranzutreiben.

1. Die Knie in einem Winkel von 90 bis 100 Grad beugen, aus der Taille heraus nach vorn lehnen, so daß der Brustkorb sich über den Knien befindet. Hüften und Schultern parallel zum Boden und zur Laufrichtung.
2. Schwung gewinnen, indem mit dem flachen Fuß direkt zur Seite ausgeschritten wird, Druck auf dem Hacken. Der Armschwung geht synchron zum Schritt, bevor mit der Kurve begonnen wird: rechter Arm vorn, linkes Bein vorn. Und immer in die Richtung, in die es gehen soll. Während der Kurve sollte tatsächlich zuerst der Armschwung ausgeführt werden, dem der Skate dann folgt. (Eine detailliertere Erklärung des Armschwungs in Kapitel 7.)

Schnellaufkurve

3. Der Beinstoß beim Übersetzen in der Kurve erfordert sowohl den Einsatz der Innenkante des rechten Skates als auch der Außenkante des linken Skates. Das bewirkt eine volle Streckung beider Beine während des Schrittes, die sonst immer gebeugt sein sollten. Nach dem Übersetzen, je nachdem, wie scharf die Kurve war, sollte der rechte Skate ungefähr 30 bis 38 cm entfernt von dem anderen Skate aufsetzen. Das bringt Stabilität und führt zu einem längeren Gleiten.
4. Lehn dich so weit in die Kurve, daß der Brustkorb sich über dem Knie des inneren Beins befindet. In diesem Fall, das linke Bein. Achte darauf, daß das Unterkreuzen des linken Beins mit voller Streckung ausgeführt ist, bevor es in die Recovery geht.

Stoppen rückwärts

Wichtig: Bevor es mit dem Rückwärtsrollen losgeht, solltest du dir folgende Lektion zu Gemüte führen!

Weil sich der Stopper hinten am Stiefel befindet, kann man beim Rückwärtsrollen damit nicht effektiv anhalten. (Mit einer Ausnahme: beim umgedrehten Hockey-Stop. Siehe dazu Kapitel 6.) Der Versuch, die Hackenbremse einzusetzen, wird auf jeden Fall im Sturz enden.

Umschleifen: Das Drehen von rückwärts auf vorwärts in drei Schritten ist eine natürliche und leichte Art, sich von hinten nach vorne zu drehen. Ist der Blick erst einmal nach vorne gerichtet, kann man die Hackenbremse einsetzen, so wie wir es gelernt haben.

1. Füße in Parallelstellung.
2. Der Blick geht über die rechte Schulter. Der linke Skate bleibt in Bodenkontakt und läuft unverändert weiter. Der rechte wird angehoben und das Bein von der Hüfte aus nach hinten rausgedreht, bis die linke Fußspitze nach hinten zeigt. Der rechte Skate wird wieder mit allen Rollen aufgesetzt. Die Skates befinden sich nun in Halbmondstellung: Hacke an Hacke, die Fußspitzen zeigen in entgegengesetzte Richtungen.

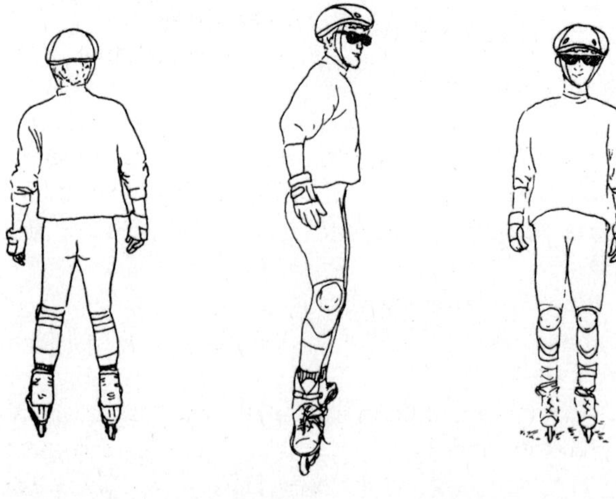

Umschleifen: von rückwärts auf vorwärts drehen

3. Nun bleibt der rechte Skate in Bodenkontakt, während der linke Skate angehoben und das linke Bein von der Hüfte aus eingedreht wird. Die Füße laufen wieder parallel, der Blick ist nun nach vorne gerichtet. Du läufst vorwärts und kannst mit Hilfe der Hackenbremse stoppen.

Entscheide dich, ob du nach rechts oder links willst, und fang mit dem jeweiligen Bein an. Das andere wird dann automatisch folgen – und mache keine Bewegung, bevor du dich nicht im Gleichgewicht befindest.

Skaten rückwärts

Mittlerweile fühlst du dich hoffentlich sicher auf deinen Skates und bist bereit für den Schritt in die Welt des Rückwärtsgangs. Bedauerlicherweise haben wir Menschen hinten keine Augen. Aus diesem Grund fühlen wir uns unwohl und haben sogar Angst, rückwärts zu gehen oder zu rollen. Solche Ängste lassen sich mit einem einfachen Trick eliminieren – blick hinter dich! Nicht auf die Strecke zu achten kann nur eins zur Folge haben: einen Sturz. Angst ist doch nur ein Zustand des Denkens. Na los, du wirst es schon schaffen!
Die meisten finden es einfacher, ihr Abenteuer ins Rückwärts mit dem Eierlaufen zu starten. Dabei verlieren die Rollen nie den Bodenkontakt. Einigen gelingt es leichter mit dem einbeinigen Schritt. Lern beides. Alle Rückwärtsbewegungen, auch das Übersetzen, kombinieren die Bewegungen des Eierlaufens mit denen des Schreitens.

1. Eierlaufen rückwärts: Dabei werden dieselben Bewegungen wie beim Eierlaufen vorwärts eingesetzt, nur mit einigen kleinen Variationen. Anstelle des Abstoßes mit der Hacken erfolgt ein Druck auf den Fußspitzen am Ende der Bewegung.

1. In der Taille beugen, Nase, Knie, Fußspitzen, beide Knie und Füße sind dabei in einem 45-Grad-Winkel nach innen gerichtet. Der Blick geht geradeaus.
2. Unter Einsatz der Innenkante der Rollen vorwärts lehnen. Es wird sich wie ein Vorwärtsfallen anfühlen. Das ist in Ordnung. Entspann dich und laß die Skates glatt zu der Seite unter der Schulterlinie ausrollen. Das Gewicht ist nach vorn verlagert.

Tip: Erfolgt keine Rückwärtsbewegung, dann reicht die Drehung nach innen noch nicht aus (Hühnerfüße), die Knöchel sind zu den Außenkanten gekippt, man gestattet sich selbst nicht, rückwärts zu rollen (wieder die Angst), oder beides. Sobald all diese Probleme ausgeräumt sind, fängst du an zu rollen.

3. Sind erst einmal beide Beine zur Seite gegangen und hast du eine bequeme Streckung erreicht, findest du auch deinen Drehpunkt auf den vorderen Rollen. Dreh die Hacken nach innen und versuch, die Beine zusammenzubringen. Nach dem Eierlaufen sollten sich die Hacken berühren und die Fußspitzen nach außen zeigen. Üben, bis die von außen nach innen führende schlangenartige Bewegung fließend und natürlich erfolgt.
4. Vergiß nicht, beim Rollen nun hinter dich zu sehen. Es ist einfacher, beim Auseinander- und Zusammenrollen auf den Innenkanten schnell über die Schulter zu schauen.

2. Rückwärtsschreiten und einbeiniges Eierlaufen: Rückwärts- und Vorwärtsschreiten sind ähnliche Bewegungen. Allerdings beginnt die Bewegung hier mit flachem Fuß und endet mit der Fußspitze. Im allgemeinen ist es am besten, zurück zu den Grundbewegungen zu gehen: zum Frankensteingang. In der Taille beugen, Nase, Knie, Fußspitzen. Die Beine parallel, die Füße in Schulterbreite. Das Gewicht von einem flachen Fuß auf den anderen verlagern. Wenn du fertig bist zum Rückwärtsrollen, ziele mit den Spitzen nach innen und lehne dich vorwärts, dabei mit der wiegenden Bewegung von Seite zu Seite fortfahren. Ist das Gewicht vorne und die Spitzen zeigen nach innen, rollst du rückwärts. Du könntest das Gefühl bekommen, nach vorne zu fallen, und wenn du dich zu weit nach vorne legst, passiert das auch. Richte deinen Körper aus, falls nötig, indem du die Knie weiter beugst. Das verleiht Stabilität.

Um diese wiegende Bewegung in ein Schreiten rückwärts zu überführen, müssen die Bewegungen des einbeinigen Eierlaufens rückwärts mit dem Frankensteingang verbunden werden (klingt unheimlich, funktioniert aber).

1. Fang das Eierlaufen rückwärts mit zwei Beinen an und komm so in deinen Rhythmus.
2. Fühlst du dich bereit, dann fang mit dem einbeinigen Eierlaufen an, indem du etwas zusätzliches Gewicht auf die Innenkante des rechten Skate legst, mit Druck auf der Spitze. Der Push-Off sollte in einer Diagonalen geschehen, vor dir, nach unten und auf der Innenkante.

3. Den rechten Skate wieder in eine Parallelposition bringen, um das Eierlaufen mit dem linken Fuß vorzubereiten. Von einem Fuß auf den anderen wechseln, dabei immer wieder in eine Parallelposition zurückkommen, bevor du mit der nächsten Bewegung beginnst.

3. Übersetzen rückwärts:

In der Rückwärtsbewegung ist es schwieriger, eine Kurve zu laufen, weil du nicht siehst, wohin du dich bewegst.

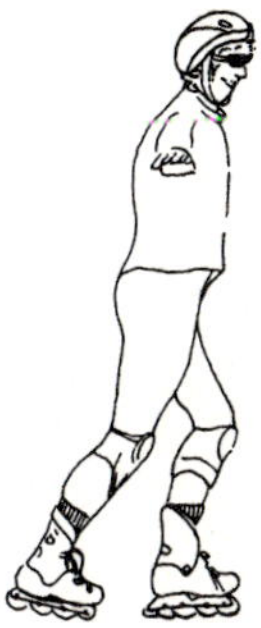

Du kannst zwar gelegentlich über die Schulter blicken, doch das flößt nicht wirklich das Vertrauen ein, das du benötigst, wenn du dich verbessern möchtest. Die Körperhaltung beim Übersetzen rückwärts dreht den Körper, so daß es einfacher wird zurückzublicken, was auch während der Vorbereitung zur Kurve eine größere Geschwindigkeit erlaubt. Da das Übersetzen vornehmlich bei Kurven eingesetzt wird, solltest du dir ein großes Übungsgebiet aussuchen, das frei von Gefahren und Störungen ist. Um leichter die Kreisbewegung der Kurve üben zu können, sollte es dort eine Kreismarkierung geben (vorgegeben oder selbst markiert).

Das Übersetzen rückwärts ist einfach eine Fortführung des zweibeinigen Eierlaufens. Nur, anstelle die Hacken in die zentrale Position zu bringen und wieder hinausrollen zu lassen, werden sie nun wirklich durch das Zentrum geführt, indem ein Fuß vor dem anderen kreuzt. Entweder im Uhrzeigersinn (rechts vor links) oder entgegengesetzt (links vor rechts). Für diese Übung werden wir es im Uhrzeigersinn machen.

Es ist einfacher, das Übersetzen rückwärts beim Rollen zu beginnen, damit du Schwung für das Eierlaufen rückwärts gewinnst. Den rechten Arm vor dir und den linken diagonal hinter dich strecken. Der Blick geht über die linke Schulter in das Zentrum des Kreises.

1. Du fängst mit dem zweibeinigen Rückwärtseierlaufen an. Beide Füße nach außen, dann nach innen. Nach einigen Malen hast du deinen Rhythmus gefunden. Bei jeder zurückkommenden Bewegung wird die Hacke des rechten Skate näher an die Spitze des linken gebracht. Die Knie bleiben dabei immer gebeugt.
2. Die Eierlaufbewegung wird vertraut. Das Gewicht wird leicht auf den linken Fuß verlagert. Den rechten Skate rollen lassen und ihn vor den linken kreuzen. In dem Moment, in dem die Spitze des linken Skate passiert wird, wird das Gewicht auf den rechten Skate verlagert.
3. Dann wird der linke Skate angehoben und parallel wieder zurückgeführt. Das Gleichgewicht ist wiederhergestellt. Erneut Eierlaufen, dann wieder rechts über links und zurück.

Nun machen wir es ganz richtig. Wir nehmen den Oberkörper hinzu und machen die Bewegung mit mehr Nachdruck und mit größerer Sicherheit.

Weil beim Übersetzen im Uhrzeigersinn die linke Schulter in das Zentrum des Kreises zeigt, will der linke Arm führen und der rechte stabilisieren. Den rechten Arm strecken und nach vorne heben, den linken leicht diagonal nach hinten. Bei Bewegungen im Uhrzeigersinn willst du immer über die linke Schulter sehen, wohin du dich bewegst. Der Oberkörper sollte gerade aufgerichtet sein und sich in den Kreis hineinlehnen. Nun andersherum.

Bei einem Übersetzen rückwärts im Uhrzeigersinn bleibt der rechte Skate immer auf dem Boden. Er befindet sich in Wirklichkeit in einer kontinuierlichen Eierlaufbewegung, während der linke Fuß all die Arbeit tut. Bei der Rückwärtsbewegung wandelt sich in Wahrheit der Schritt zu einem Untersetzen mit dem linken Fuß. Dabei müssen die Arme in Position bleiben, der Blick geht in die Bewegungsrichtung.

1. Angefangen wird mit einem Eierlaufen rückwärts, um Fahrt zu bekommen. Der rechte Fuß wird über den linken gesetzt, das Gewicht auf den rechten Fuß verlagert, der linke Skate wird vom Boden abgehoben. Die Beine sind nun in Schenkelhöhe gekreuzt.

2. Den linken Skate wieder in eine weite Parallelhaltung bringen (ungefähr 25 bis 30 cm vom rechten entfernt) und das Gewicht gleichmäßig auf beide Skates verteilen.
3. Der linke Fuß wird nach innen gezogen, gegen und unter das rechte Bein, während der rechte Fuß über den linken läuft.
4. Vor dem Untersetzen des linken Fußes, bevor er angehoben und dann zurückgeführt wird, wird die Bewegung vollendet, indem am Ende ein Push-Off durch Druck auf dem Fußballen erfolgt. Das Gewicht wird wieder auf den rechten Fuß verlagert, und der linke wird in die parallele Ausgangsstellung zurückgebracht.
5. Sobald du dich mit dieser Bewegung mehr im Gleichgewicht fühlst, werden beide Beine zu Werkzeugen: das rechte beim nach außen gerichteten Stoß und das linke beim nach innen gerichteten Ziehen.

Bei korrekter Ausführung der Bewegung endet das Übersetzen rückwärts in einem kraftvollen Schritt. Dabei kannst du sehr schnell an Geschwindigkeit gewinnen. Kontrolliere das Unterkreuzen mit den Innenschenkeln und verlangsame so die Fahrt.

9 Freestyle

Anders als seine beiden nächsten Verwandten Eislauf, der schon aus dem Mittelalter bekannt ist, und traditionellem Rollschuhlaufen mit einer mehr als zweihundertjährigen Geschichte steckt das In-Line-Skating, so wie wir es heute kennen, noch in den Kinderschuhen. Wir sind immer noch dabei, das ultimative Potential des In-Line-Skating auszuloten. Wegen der Neuheit des Skating sind wir gezwungen, Techniken und Bewegungen aus anderen Bereichen zu adaptieren, und müssen entdecken, daß diese Möglichkeiten begrenzt sind.
Viele der schon bekannten oder noch zu erlernenden Manöver stammen aus dem Eis- oder Rollschuhlauf. Es könnte sein, daß du, mag es auch rein zufällig sein, selbst eine neue Bewegung oder Haltung entdeckst, die dann vielleicht eines Tages deinen Namen trägt. Ich glaube, ich werde nun auch Namensgeber. Ich lernte meine bei meinem letzten Sturz kennen. Sie heißt «Joel Roll». Doch ich werde sie keinem beibringen. Mir tut immer noch alles weh.
Nun gut, hier sind einige grundlegende Freestyle-Bewegungen, die du lernen kannst. Bei vielen davon muß möglicherweise der Stopper abmontiert werden, um eine freiere Hackenbewegung ausführen zu können. Doch vergiß nie, ihn wieder anzubringen, sobald das Spiel vorbei ist.

Springen auf der Stelle

Ja, springen! Nicht nur für den Anfänger, sondern auch für den fortgeschrittenen Skater ist es wichtig, Vertrauen zu haben, zu springen und wieder richtig auf den Füßen zu landen. Bevor du anfängst, solltest du wissen, daß es mehrere Arten des Springens gibt. Die meisten sind falsch und nur eine richtig.
Falsch: Nie mit nach oben gerichteten Spitzen springen... Du fällst garantiert rückwärts.
Nie springen und die Hacken nach oben stoßen (es sei denn, du bist fortgeschritten)... Du wirst rückwärts fallen.

Schlage nicht wie wild mit den Armen... Du könntest das Gleichgewicht verlieren.

Richtig: Die Arme zur Seite, die Beine parallel, die Füße in Schulterbreite, Knie und Taille leicht gebeugt. Zum Sprung vorbereiten. Konzentriere dich auf ein Abheben und Landen mit flachem Fuß. Fang den Stoß mit gebeugten Knien und Knöcheln beim Landen auf und beuge dich auch in der Taille nach vorne.

Gesprungene Drehung

Vor- und Rückwärtsbewegungen sind bekannt. Daher wird dir dieser Sprung den Übergang von einer in die entgegengesetzte Richtung leichter fallen. Das Ziel ist eine 180-Grad-Drehung.

1. Stehen, nicht rollen, Nase, Knie, Fußspitzen, Füße parallel. Linken Arm nach vorne, rechten direkt zur Seite strecken, beide Arme parallel zum Boden. Die Arme sollten ein «L» zum Körper bilden.
2. Mit gebeugten Knien 6 bis 12 cm hochspringen. Der Körper wird nun als Drehkraft eingesetzt und 180 Grad rechts herum in den seitlich weggestreckten Arm gedreht. Die Arme schwingen so mit, daß sich nach dem Sprung der rechte Arm vorn und der linke an der Seite befindet. Wichtig dabei ist, daß du dich in den seitlich weggestreckten Arm drehst. (Die erhobenen Arme selbst verleihen dir Stabilität.)

Tip: Viele Leute haben die Neigung zur Überkompensation, indem sie sich beim Rollen nach vorne lehnen. Unweigerlich landen sie auf den vorderen Rollen und stürzen. Du solltest immer darauf achten, daß der Sprung wirklich gerade hoch geht und du mit dem flachen Fuß aufkommst.

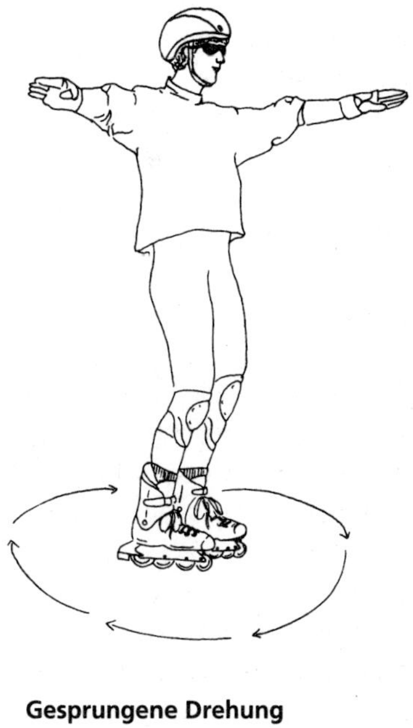

Gesprungene Drehung

Als Fortgeschrittener kann man mit Absprung und Landung stilistisch abwechslungsreich variieren.

3. Nun im Rollen probieren. Langsam vorbereiten: Die Arme zu einem «L» anheben, die Knie beugen. Fertig? Dann gerade hochspringen, den Körper in den seitlich weggestreckten Arm drehen und auf flachen Füßen landen. Der Blick geht nun in die entgegengesetzte Richtung, du rollst rückwärts.

○○○○ Sehr häufig gelingt die 180-Grad-Drehung nicht ganz, und du landest irgendwie mitten drin. Das kann bei jeder Geschwindigkeit gefährlich sein. Also langsam üben, bis der Sprung sitzt.
Nun probier den Sprung von hinten nach vorne mit demselben Arm und einer schnellen Körperdrehung. Schließlich kannst du es dann mit einem Fuß und denselben Gleichgewichts- und Drehprinzipien versuchen.

Umschleifen

Dies ist ein großartiges Manöver für wirklich jeden Zweck. Sind erst einmal die grundlegenden Positionen in deinem Skating-Gedächtnis verankert, kannst du sie auf verschiedene andere Bewegungen anwenden, zum Beispiel auf den Achsen-Stop, den Sprung von vorne nach hinten, den 360-Heel-Spin (360-Grad-Hacken-Drehung) und mit ein wenig Phantasie als Grundlage für ganz andere. Aber bevor ich mich von den fortgeschrittenen Bewegungen hinreißen lasse, wollen wir die grundlegenden lernen.
Dies ist eine 5-Schritt-Bewegung, die zuerst langsam im Stehen und danach im Rollen geübt werden sollte.

1. Nase, Knie, Fußspitzen, Füße parallel in einem Abstand von 8 bis 13 cm.
2. Den rechten Skate mit der Hacke zuerst anheben. Das Gewicht bleibt auf dem linken Fuß.
3. Langsam die rechte Fußspitze, Arm und Oberkörper nach rechts drehen. Die rechte Hacke dreht sich dabei wie von selbst nach innen.
4. Du bist nun wieder in der Halbmondstellung und setzt die rechte Hacke fest auf den Boden, so daß dann wieder alle Rollen Bodenkontakt haben.

○○○○ Für die Bewegung beim Rollen: Normalerweise erfolgt das Absetzen der Hacke als eine ganz natürliche Bewegung. Stehst du auf der Spitze und hältst die Hacke zu lange oben, dann verlierst du unweigerlich das Gleich-

gewicht. Erfolgt das Absetzen gerade zur rechten Zeit, dann endet die Bewegung in einer weiten V-Form.

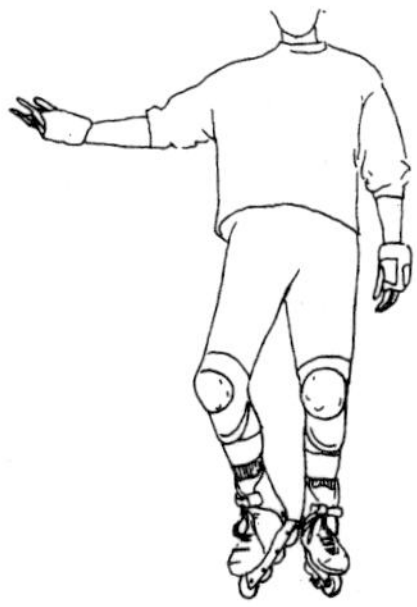

5. In der Halbmondstellung werden nun die Knie so weit gebeugt und die Füße auseinandergebracht, daß es sich fast sitzend anfühlt. Der Oberkörper wird durch Beugung der Taille nach vorn gelehnt. Es ist sehr wichtig, daß du dich an diese letzte Haltung erinnerst. Nun beim Rollen um die eigene Achse drehen. (a) Mit parallelen Beinen vorwärtsrollen. (b) Auf die rechte Spitze kommen (die rechten vorderen und alle linken Rollen in Bodenkontakt halten). (c) Den rechten Arm langsam nach rechts hochnehmen. Wenn die Haltung der rechten Spitze stimmt, wird sich die Hacke des rechten Fußes wie selbstverständlich nach innen um die eigene Achse drehen. Auf dem linken Skate unverändert weiter vorwärtsrollen, dabei bleibt die rechte Spitze an ihrem Platz. Wenn der richtige Zeitpunkt da ist (nicht zu früh und nicht zu spät), (d) die rechte Hacke neben der anderen Hacke aufsetzen, so daß du wieder in der Halbmondstellung bist.

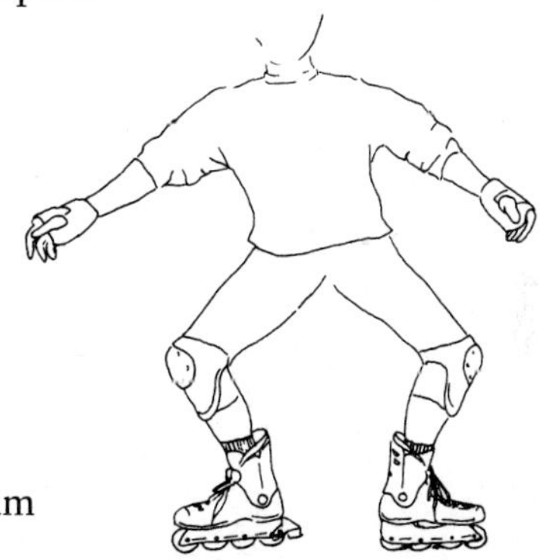

Umschleifen

6. Die Haltung wird nun erweitert durch größere Kniebeugung, Hacken dabei nach vorne drücken und den Oberkörper leicht nach vorn lehnen.

Je nachdem, wie gerade die Füße sich in einer Linie befinden, wirst du dann in eine nach außen gedrehte Haltung rollen. Je enger aber das «V» ist, desto eher drehst du dich in einem Bogen herum. Das sind die grundlegenden Bewegungen. Nicht vergessen, auch alle Bewegungen nach links zu üben.

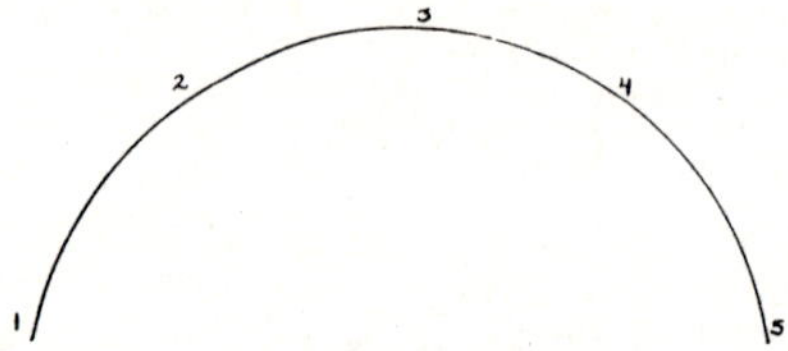

Umschleif-Bogen

Stoppen: In der Position 5, an Punkt 4 im Bogen, muß das Gewicht stärker auf die Innenkante der linken Rollen gelegt werden, mit Druck auf der Hacke. Dadurch werden die hinteren Rollen auf den Boden gepreßt, und es entsteht ausreichend Reibung für einen Stop. Gehst du dabei bis zum extremen Innenkantenpunkt der linken Rollen hinunter, wird das ein Hockey-Stop.
Von vorwärts auf rückwärts drehen: In der Position 5, im Punkt 3 des Bogens, drehst du auf der linken Spitze um die eigene Achse, so daß die Füße parallel stehen, und du rollst rückwärts.
360-Heel-Spin: In Position 5, Punkt 3 im Bogen, die Hacken zusammen, so daß ein enges «V» geformt wird. Beide Spitzen werden angehoben, um so auf die Hacken zu kommen. Den linken Arm an den Brustkorb bringen, was zusätzlich Antriebskraft zur Drehung im Uhrzeigersinn gibt.

Hacke-Spitze

Mit den Füßen in die Schere rollen, den linken Fuß vorne, die Knie gebeugt. Rechte Hacke heben und etwas Gewicht zurück auf die rechten Vorderrollen legen. Den Körper leicht anheben, die linke Spitze mit einem Ruck nach oben bringen und den Fuß einknicken. Die Bewegung erfolgt nun auf den linken Hinterrollen und der rechten Spitze. Setz die Innenschenkel ein, damit die Füße nicht nach außen wegrollen. Sollten die Skates zu flattern anfangen, die Schenkel zusammenpressen und die Schere verkleinern.

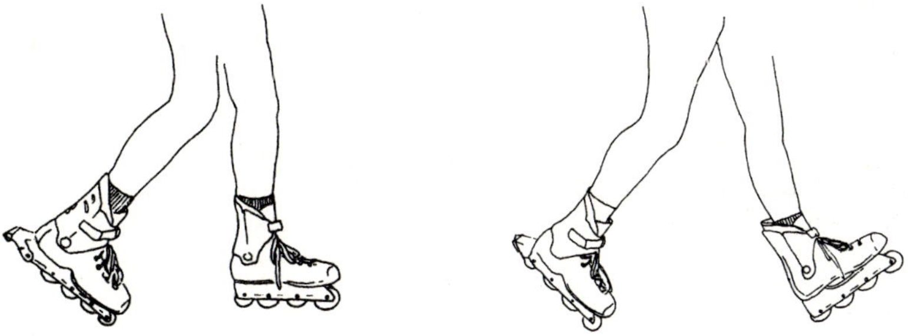

Hacke-Spitze

Spitze-Spitze

Mit parallel gestellten flachen Füßen rollen. Auf die rechten Vorderrollen kommen durch Anheben der rechten Hacken. Nach vorne lehnen und Gewicht auf die rechte Spitze legen. Mit dem linken Bein einen leichten Druck ausüben und die linke Hacke anheben. Auf die linke Spitze kommen. Das Gleichgewicht finden. Die Spitzen sollten in einer leichten Schere bleiben.

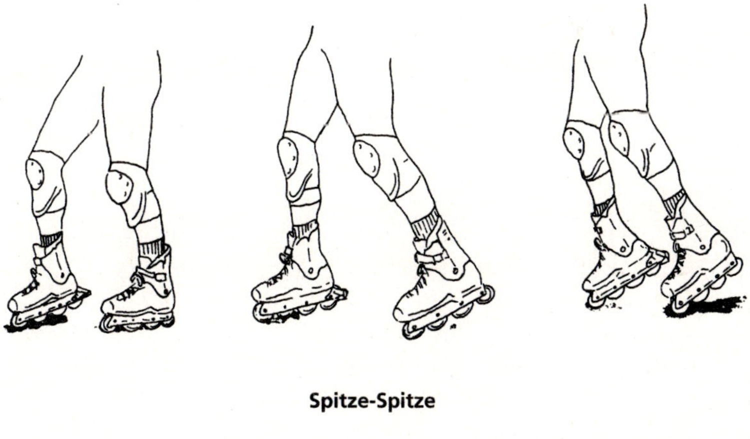

Spitze-Spitze

Hacke-Hacke

Hacke-Hacke

Es gelten dieselben Anweisungen wie bei Spitze-Spitze, nur kommt man hier auf die Hacken. Diese Haltung ist allerdings schwieriger, da du den eigenen Mittelpunkt in einer merkwürdigen Haltung finden mußt.

10 Auf der Straße

Bislang hat man die Skater immer noch keiner Gruppe zugeordnet. Sind wir Fußgänger, Fahrzeuge oder Läufer? Wir sind eine Kombination ihrer besten Seiten. Zuerst und vor allem sind wir flexibel: Wir können uns auf Gehwegen ebenso bewegen wie auf Straßen. Ich würde allerdings davon absehen, im dicken Verkehr zu skaten. Wenn es aber so ist, daß du dein Ziel nur über Straßen erreichen kannst, dann solltest du die Verkehrsregeln befolgen, die für Autos und Fahrräder gelten. Hier eine Auflistung dessen, was du tun und lassen solltest.

Pflichten

- Immer hochblicken! Auf alles achten, was ca. 5 m vor dir passiert. (Dabei die Seiten nicht vergessen!)
- Auf der äußersten rechten Scite der Straße oder des Fußweges bleiben.
- Mit dem Verkehrsfluß skaten.
- Auf Autotüren achten oder auf Autos, die aus einer Parklücke, Nebenstraße oder über Kreuzungen kommen.
- Andere Verkehrsteilnehmer respektieren, höflich sein.

Verbote

- Keine Kopfhörer tragen. Achte auf alles, was dich umgibt.
- Kein Fahrzeug «angeln», um dich beim Fahren anzuhängen.
- Nicht Zickzack oder Slalom auf vollen Straßen laufen.

Höflichkeit auf der Straße

Denk daran, du bist nicht allein auf der Straße. Läufer, Fahrradfahrer, Autos und andere Skater teilen sie mit dir. Bei vielen Gelegenheiten wirst du plötzlich von rechts überholt. Wie beim Spazierengehen: Jemand kommt geradewegs auf dich zu, und du hast ausreichend Zeit zu sagen: «Entschuldigen Sie bitte», zur Seite zu treten und ihn vorbeizulassen. Beim Skaten ist die Zeit jedoch begrenzt, und nur eine schnelle Entscheidung kann beide vor einem möglichen Unfall bewahren. Natürlich solltest du bei den meisten kontrollierten Konfrontationen rechts bleiben und der andere links vorbeigehen. Aber in einem unkontrollierten Augenblick, wenn jemand mit großer Geschwindigkeit auf dich zukommt und du selbst auch nicht gerade langsam fährst, bleibt selten Zeit für Formalitäten und Entschuldigungen. Die meisten Regeln werden über Bord geworfen. Um einen Frontalzusammenstoß zu vermeiden, denk daran: DU SELBST BIST VERANTWORTLICH, DIE SITUATION UNTER KONTROLLE ZU HALTEN! *Laß den anderen nicht über dein Schicksal entscheiden!* Es wird dich überraschen, wie sehr andere es begrüßen, wenn du die Kontrolle übernimmst.
Folge diesen grundlegenden Regeln der Höflichkeit auf der Straße. Und präge dir ein: IMMER NACH RECHTS AUSWEICHEN!

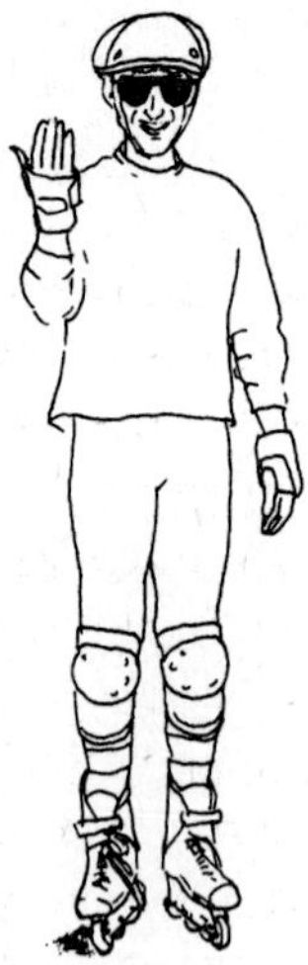

Einem herankommenden Skater winken

Von Angesicht zu Angesicht: Du entscheidest, welche Seite für dich die sicherste ist. (Versuche wenn möglich rechts zu bleiben.) Versichere dich, daß dem anderen ausreichend Zeit und genügend Abstand (9 bis 15 m) bleibt, um auf deine Anweisungen reagieren zu können. Gib ein sichtbares Zeichen, indem du den Arm zu der Seite hebst, an der der andere vorbeifahren soll, und winke ihn mit der ganzen, flachen Hand, beispielsweise: rechts vorbei – rechter Arm; links vorbei – linker Arm. Schreien nützt nichts. Man wird dich (a) auf die Entfernung nicht hören und (b) das, was du sagst, mißverstehen, (c) Ohrhörer tragen und überhaupt nichts hören oder (d) alles zusammen.

Von hinten: Willst du jemanden von hinten überholen, wäre es nett, den anderen das wissen zu lassen, um einen Zusammenstoß zu vermeiden. Ein einfaches «Ich überhole rechts» oder «Ich überhole links» wird ihn auf dein Kommen aufmerksam machen.

Wirst du von hinten überholt, mach keine ausholenden Bewegungen, denn du kannst nie wissen, wie nah dir der andere kommt. Weite Beinbewegungen verdoppeln fast immer den von dir eingenommenen Raum. Um die Möglichkeit, ihn zu treten oder selbst zu stolpern, zu vermeiden, solltest du entweder in paralleles Rollen oder zweibeiniges Eierlaufen gehen, um deinen Vorwärtsschwung zu behalten. Ist der andere tatsächlich so höflich, dich von seinem Vorhaben in Kenntnis zu setzen, solltest du ihn als Zeichen deiner Achtung vorbeiwinken.

Straßentips: Bevor du an besetzten Parklücken oder nebeneinander geparkten Fahrzeugen vorbeirollst, solltest du auf die Richtung der Vorderräder achten. Zeigen sie in Straßenrichtung, solltest du besonders vorsichtig sein. Es könnte ein Auto ohne Vorwarnung hervorpreschen. Natürlich könnte sich auch plötzlich eine Autotür öffnen.

Treppen: Fahrstühle sind in der Regel die leichteste Art, um mit Skates auf eine höhere oder tiefere Etage zu gelangen. Doch häufig gibt es keine Fahrstühle, sondern nur Treppen. Diese furchterregenden Treppen zu überwinden ist leichter, als man denkt.
Versuchst du es seitwärts, ob nun hinauf oder hinunter, dann bedeutet ein Rutschen oder ein Fehltritt unweigerlich den Sturz. Siehst du die Treppe dagegen an und hast das Gewicht nach vorne gelegt, kannst du nur nach vorne gehen oder fallen. Falls notwendig, kannst du dich dabei immer auch an den Stufen festhalten. Sei zuerst lieber etwas

Wie man Treppen falsch hinuntergeht und -fällt

Eine andere Art, falsch eine Treppe hinunterzugehen

zurückhaltend und nimm nur eine Stufe zur Zeit. Dabei hältst du dich am Geländer fest. Es ist noch besser, wenn jemand ohne Skates in deiner Nähe ist, für den Fall, daß du das Gleichgewicht verlierst oder panisch wirst.

Hinaufgehen:

1. Auf einer Seite am Treppenanfang hinstellen, das Geländer fassen. Die Vorderrollen nach vorne rollen, bis sie den vertikalen Teil zwischen den Stufen berühren. Dann zu einer V-Haltung ausfahren, in der die Skates 20 cm voneinander entfernt sind. Nach vorn lehnen, so daß das Gewicht die Fußspitzen an den vertikalen Treppenteil preßt. (Rollen die Skates zurück, weiter vorlehnen.)
2. Ist der vertikale Teil fester Bezugspunkt geworden, verlagerst du das Gewicht auf den rechten Fuß. Nun steigst du mit dem linken Fuß die Stufe hoch, indem du ihn vorwärts rollen läßt, bis die linke Vorderrolle an den vertikalen Teil stößt, und ziehst dann den linken Fuß an ihm entlang auf die nächste Stufe hoch. Der rechte Fuß sollte mit der Spitze nach außen zeigen und immer noch den unteren Teil des vertikalen Zwischenstücks berühren. Stabilisieren, indem das Gewicht ganz gleich auf beide Füße verteilt gehalten wird.
3. Nun wird das Gewicht nach vorne auf den linken Fuß verlagert, der rechte wird entlang des vertikalen Teils hochgezogen. Beide Spitzen sind wieder nach außen gerichtet. Der Körper ist nach vorn gelehnt. Das ist der erste Schritt. Alle anderen Stufen werden ebenso überwunden, langsam!

Seitenansicht des richtigen Treppensteigens

Hinuntergehen: Grundsätzlich unterscheidet es sich nicht vom Hinaufsteigen. Bis auf eines – man macht es rückwärts.

1. Unten anfangen. Zwei Stufen hochgehen, hinstellen und das rechte Geländer fassen, die Skates in einem Abstand von 20 cm nach außen gerichtet, die Spitzen berühren den vertikalen Teil zwischen den beiden Stufen. Der Körper ist nach vorne gelehnt.
2. Der Blick ist zwischen die Beine oder auf das Geländer gerichtet, um so die nächstuntere Stufe zu finden. Nie blind nach der Stufe tasten!
3. Gewicht auf den linken Fuß verlagern, linkes Knie beugen und den rechten Skate vorsichtig auf die untere Stufe setzen, wobei die Spitze den vertikalen Teil berührt.
4. Nachdem einmal der Kontakt mit dem unteren vertikalen Teil hergestellt ist, Gewicht auf den rechten Skate verlagern und auch den linken runtersetzen. Die Füße mit den Spitzen nach außen ausrichten. Einige Stufen weiter oben anfangen und dann hinuntergehen.

oooo Auf Metalltreppen, die keine vertikalen Treppenteile haben, achten. Der Skate kann dazwischenrutschen und sich zwischen den Stufen verfangen.

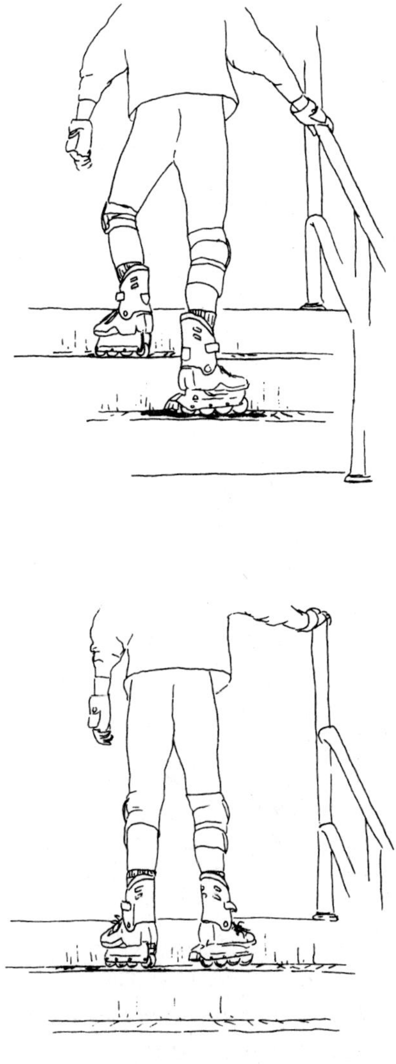

Die richtige Art, Treppen hinauf- oder hinunterzugehen

Höflichkeit außerhalb der Straßen

Alle Skater sollten bestrebt sein, die Nicht-Skater dieser Welt davon zu überzeugen, daß wir keine Bande von verrückten Kids auf Rollen sind. Daher solltest du dich allen Geschäftsbesitzern, Busfahrern, Türstehern und Sicherheitskräften gegenüber so höflich verhalten, wie du selbst behandelt werden möchtest. Beim Betreten eines Gebäudes oder eines Geschäfts auf Skates solltest du gehen, nicht rollen. Der Boden wurde nicht poliert, damit du dich darauf austoben kannst. Draußen solltest du dich an die Geschwindigkeit, die die Verkehrsregel anderen nicht-motorisierten Fahrzeugen vorschreibt, halten. Du mußt vielleicht etwas mehr Zeit aufwenden, aber das ist deutlich einfacher, als die Skates auszuziehen. Ich vertraue darauf, daß man uns mit mehr Respekt begegnet, wenn wir uns so verhalten.

Skating bei Nacht

Skating nach Einbruch der Dunkelheit fordert alle deine Sinne. Es macht Spaß und kann aufregend sein. Gleichzeitig eröffnet sich eine ganz neue Welt der Gefahren. Schatten von Straßenlaternen und Scheinwerfern verstecken Schlaglöcher. Unebenheiten in der Straße können harmloser erscheinen, als sie wirklich sind. Kleine Kieselsteine bombardieren die Rollen aus dem Nichts. Die Dunkelheit tarnt alles. Sichere dein Nachtabenteuer ab, indem du einige allgemeingültige Vorsichtsmaßnahmen triffst.

1. Reflektierende Accessoires: Irgendwann wird es dir passieren, daß du spät loskommst oder dich in der Zeit verschätzt, und plötzlich bricht die

Dunkelheit herein. Es hilft nichts, du mußt nach Hause kommen. Es bleiben dir natürlich einige Möglichkeiten: gehen, einen Bus oder ein Taxi nehmen oder eben weiterrollen. Entscheidest du dich für letzteres, solltest du darauf vorbereitet sein, auf der Straße zu skaten und von den Motorfahrzeugen bemerkt zu werden. Helle Kleidung ist dienlich, kann aber im Dunkeln auf größere Distanz nicht gesehen werden. Reicht also nicht. Besser ist es, reflektierende Klebestreifen zu kaufen und sie hinten und seitwärts an die Stiefeln zu kleben, und zwar sofort beim Kauf der Skates. Kleb die Streifen auf Rucksack, Po, Helm, die Jacke, irgendwo- und überallhin. Es gibt auch Westen, Gürtel, Handgelenk- und Kopfbänder aus reflektierendem Neon. Für diejenigen, die auf High-Tech stehen, gibt es batteriebetriebene Anzüge mit aufblitzendem Licht am Gürtel. Alles das kann in Skate-, Fahrrad-, Lauf- oder überhaupt in Sportläden gekauft werden. Denke daran, je mehr du nachts glänzt, desto gesünder bleibst du.

2. Den Weg kennen: Ich weiß, daß es nicht immer möglich ist, doch sollte man jede Strecke, auf der man nachts skatet, tagsüber gecheckt haben. Am Tag kann man die Straßenverhältnisse studieren. Es wäre sträflich, einfach davon auszugehen, daß der leichte Hang, den man im letzten Monat doch so problemlos genommen hat, noch unverändert auf einen wartet. Heute könnte es dort eine Baustelle geben, die deine Fahrt nicht nur unangenehm, sondern auch höchst gefährlich machen könnte.

Skating im Winter

Wer das ganze Jahr über Sport treibt, gewöhnt ist an Ski-, Schlittschuhlaufen, Joggen, Radfahren, oder nur bei kaltem Wetter gerne draußen ist, kann Skating auf seine Liste von Winteraktivitäten im Freien mit aufnehmen. Solange die Straße frei von Schnee und Eis ist, gibt es kaum etwas, was einen davon abhalten könnte, die Thermosachen anzuziehen und die Welt bei Temperaturen unter dem Gefrierpunkt zu genießen.

1. Eis: Eine der Hauptgefahren, vor denen man sich hüten muß, ist Reifglätte. Du kennst es vom Spazierengehen oder Autofahren. Es formt sich auf der Straßenoberfläche als dünne Eisschicht, die sich aus gefrorener Feuchtigkeit oder geschmolzenem Schnee bildet. Es ist praktisch unmöglich, sie zu entdecken, bevor du darauf trittst oder ausrutschst. Reifglätte ist viel gefährlicher als Öl oder Wasser, weil sie aus dem Nichts auftaucht und du daher keine Möglichkeit zur Kontrolle deiner Bewegungen hast. Läufst du nicht richtig geradeaus und im Gleichgewicht, dann können die Skates ohne Vorwarnung unter dir wegrutschen. Der einzige Weg, Reifglätte zu erkennen, ist, nach einem Flecken auf der Straße Ausschau zu halten, der einen leicht dunkleren Schatten aufweist. Der Boden sieht dort leicht naß aus, reflektiert allerdings nicht.

2. Kleidung: Im Winter muß man immer ganz sorgfältig überlegen, was man anzieht. Denn zu den schon frostigen Temperaturen kommt der durch die eigene Bewegung hervorgerufene Windschauer. Bei warmem Wetter fächert der Wind der feuchten Haut Kühlung zu und bläst die durch den eigenen Körper erzeugte Wärmeschicht hinweg. Luft auf feuchter Haut erzeugt einen kühlenden Effekt. Aber im Winter müssen wir der Unterkühlung vorbeugen, indem wir die Körpertemperatur halten und Schweißbildung verhindern. Kalter Wind auf feuchter Haut senkt die Körpertemperatur.
Es gilt als bewiesen, daß nicht ein schweres Kleidungsstück am besten isoliert, sondern mehrere übereinandergeschichtete dünnere Kleidungsstücke. Die Schichten fangen tatsächlich die Wärme. Polypropylenfasern weisen eine ausgezeichnete Beschaffenheit auf, um die Feuchtigkeit des Körpers zu verringern oder von ihm fernzuhalten und die Haut trocken zu lassen.
Körper: Über der Unterwäsche aus Propylen trägst du am besten ein Baumwoll-/Poly- oder Rollkragen- oder T-Shirt wegen des besonderen Brustkorbschutzes. Wer schnell laufen oder nur stromlinienförmiger wegen des geringeren Windwiderstandes sein möchte, sollte als äußere Schicht ein Stretch-Gewand aus einem Mischgewebe möglichst aus Wolle, Lycra und/oder Polyamid tragen. Dieselbe Mischung bieten auch lose sitzende Kleidungsstücke. Bei Wind oder wenn du eine besonders hohe Geschwindigkeit anzielst, kannst du auch gut eine Windjacke aus atmendem Nylon, aus Goretex oder etwas Ähnlichem tragen.
Kopf: Dem größten Wärmeverlust sind die Extremitäten ausgesetzt. Besonders anfällig ist der Kopf. Daher solltest du eine wollene, seidene oder Propylen-Kappe tragen. Bei scharfer Kälte schützt eine ganze Maske mit Mundschutz oder ein Kopftuch davor, die kalte Luft direkt zu inhalieren.
Handschuhe: Handgelenkschützer lassen die Fingerspitzen frei. Ein dünnes Paar Handschuhe aus Thinsulate, Seide oder aus solchem reflektiven Material des Raumzeitalters sollten darunter passen und als Schutz ausreichen.

Anmerkung für Schnelläufer: Beim Skaten in gehockter Haltung trifft die Luft direkt auf die Körpermitte. Bei Temperaturen unter dem Gefrierpunkt gilt es, besonders auf die empfindlichen Teile zu achten. Frostbeulen sind nichts Ungewöhnliches bei Eisläufern, Radfahrern und Skiläufern. Man sollte also Unterwäsche mit zusätzlichem Schutz oder eigene Kreationen nach den persönlichen Bedürfnissen tragen. Es gibt auch perfekte Geschenke von mitdenkenden oder kreativen Strickern in deinem Leben.

11 Hindernisse und Hänge

Hindernisse

Im allgemeinen zählen als Hindernisse alle Dinge, die das Leben des Skaters unbequemer machen, schwieriger, gefährlicher. Ob nun Tiere, Pflanzen, Gestein – Hindernisse, die sich strategisch so auf dem Weg befinden, daß sie die Fähigkeiten des Skaters herausfordern, ihn wach halten und daran erinnern, nach vorne zu sehen. Warum willst du unbedingt als Sieger hervorgehen? Umlauf lieber das Hindernis! Allerdings gibt es immer wieder Situationen, in denen du gerade noch ausweichen kannst. Trotzdem: Versuche ein auf dich zukommendes Hindernis zuerst zu analysieren, Größe, Menge etc., und dann überlege, was zu tun ist. Im folgenden liste ich alltägliche und einige ungewöhnliche Hindernisse auf, die garantiert jedem Skater begegnen. Du kannst diese Liste zweifellos nach deinen eigenen Erfahrungen vervollständigen. Meine Einteilung in Gruppen soll dir die Zuordnung und Umgehensweise einfacher machen.

Hindernis	Gefahr	Gegenattacke
Stöcke, Zweige Kieselsteine; weicher Teer an heißen Tagen	stark bremsend, holperig; klebrig	Beine parallel in Schere; (ein Bein leicht vor das andere) kurzes, schnelles Wippen
Kies, Blätter, Split, Eis, Sand, Wasser und Öl	rutschig, schmierig	stehend rollen, Füße in Schere, kleine Schritte oder Manöver
Schlaglöcher, Schachtdeckel, Metallgitter, Bahnschienen	tief, dunkel und unheimlich, stark stoppend	Seitenschritt, gehen oder springen

Sprünge, Plankenwege und Straßenrillen	Die Rollen werden aus der Spur gebracht	hindurchschreiten mit nach außen gerichteten Spitzen
Straßenkante	straucheln	wippen
Straßen, Auffahrten	stürzen	Füße in Schere, wippen

1. Stöcke, Zweige, Kieselsteine, weicher Teer: Wenn beide Skates ganz gleichmäßig rollen und es gibt ein Hindernis, das groß genug ist, damit sich eine der Rollen darin verfängt, könnten sich auch zwei darin verfangen, und schon liegst du auf der Nase. Beim Wippen wird das Gewicht vom hinteren Fuß auf den vorderen verlagert. Wenn ein Skate sich verfängt oder stoppt, dann ist der andere immer noch frei, und du kannst das Gleichgewicht wiedererlangen.

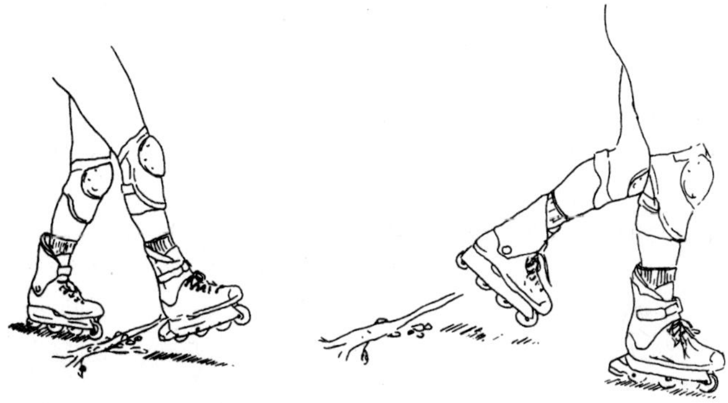

Das Skaten über ein Hindernis

An heißen Sommertagen werden einige Sorten Asphalt oder Teer weich, so daß die Rollen einsinken können. Häufiger passiert das bei schnell reparierten Straßenschäden, die nicht genügend Zeit zum Trocknen hatten. Hitze durch unterirdische Heißluft- oder Wasserleitungen, die an die Oberfläche dringt, macht den Teer von unten her weich. Im Lauf mit gleichmäßigem Schritt könnte eine weiche Stelle ohne Vorwarnung zu einem abrupten und unangenehmen Halt führen. Schnelle Wippbewegungen bewahren die Füße vorm Einsinken. Die Zeit ist zu knapp, als daß die Rollen eintauchen und steckenbleiben könnten.

2. Kies, Blätter, Split, Eis, Sand, Wasser, Öl: Deine Stabilität ist größer, wenn du in der Schere bleibst, alle Rollen auf dem Boden läßt. Diese Hindernisse sind sehr rutschig. Jeder Versuch, hindurch zu skaten, verstärkt die Rutsch- und damit die Verletzungsgefahr. Bleib in der Schere, bis du das Hindernis überwunden hast und dann ganz normal weiterskaten kannst.

3. Schlaglöcher, Schachtdeckel, Metallgitter, Bahnschienen: Diese Hindernisse sind am schwierigsten zu überwinden. Sie sind entweder zu tief oder zu holperig, um sicher über sie hinwegrollen zu können. Gitter könnten zum schlimmsten Alptraum werden. Sie finden sich auf Brücken, Gehwegen, über Abflüssen, über Lüftungsschächten und da, wo sie völlig sinnlos sind. Abhängig von der jeweiligen Größe können sich die Rollen darin verfangen, und es gibt einen plötzlichen Halt. Gitter oder ähnliche Hindernisse werden mit Seitschritten, Springen, Darübergehen überwunden oder durch Stoppen vermieden – was die beste Taktik sein könnte. Wirst du aber plötzlich von solch einem Hindernis überrascht, ist aggressives Handeln gefordert. In-die-Luft-Gehen könnte deine einzige Alternative zum Sturz sein.

4. Sprünge, Plankenwege, Straßenrillen: Sie können harmlos aussehen, aber diese engen Linien, die auf Wegen zu Klemmen werden, können einen ernsthaften Unfall verursachen. Weil die Rollen nun einmal hintereinander angebracht sind, können sie sich in Rissen und Sprüngen in der Straßenoberfläche verfangen und damit eine Wiegebewegung von Seite zu Seite behindern oder unmöglich machen. Skate in einem solchen Fall über die Linie oder versuche, sie in einer Diagonalen zu brechen. Läufst du versehentlich parallel dazu, verfangen sich die Rollen. In dem Fall solltest du das Gewicht sofort auf den freien Fuß verlagern und den verfangenen Skate anheben. Je länger du in der Furche bleibst, desto sicherer wirst du stürzen.

5. Straßenkanten: Über eine Straßenkante zu hüpfen ist einfach, weißt du erst einmal, wie das geht. Steigst du auf eine Kante, werden sehr wahrscheinlich die Vorderrollen an der Basis getroffen. Trotz des Risikos, daß sich die hintere Rolle oder der Stopper an der Kante verfängt, solltest du hinaufsteigen. Mach das am besten im Wippen. Damit kannst du die Kante umgehen und weiter vorwärtsrollen.

Hinaufgehen:

1. An die Kante stellen, geradeaus, die Füße in der Schere, linker Fuß vorne, Knie gebeugt.

2. Den linken Skate 6 bis 12 cm von der Kante entfernt heben, jedenfalls hoch genug, um die Kante zu übergehen, zurückwippen auf den rechten Fuß. Nicht rückwärts lehnen, nur das Gewicht auf den hinteren Skate verlagern. Befindet sich der vordere Teil des Skates über der Straßenkante, auf den linken vorderen Skate vorwärtswippen, den Skate flach aufsetzen.
3. In dem Augenblick, in dem Kontakt mit der oberen Kante hergestellt wird, bringst du das Gewicht auf den linken Skate, so daß du das hintere Bein heben kannst und in Parallelposition zum Rollen zurückkommst.

OOOO Wenn die Kante zum Wippen zu hoch ist, durch einen leichten Abstoß vom Standbein einen kleinen Sprung machen, um höher zu kommen. Beim Hinuntergehen gilt ebenfalls die Wipp-Methode. Die größte Schwierigkeit liegt darin, daß man dazu neigt, sich nach vollführter Bewegung rückwärts zu lehnen. Achte darauf, mit dem Gewicht vorne und unten zu bleiben.

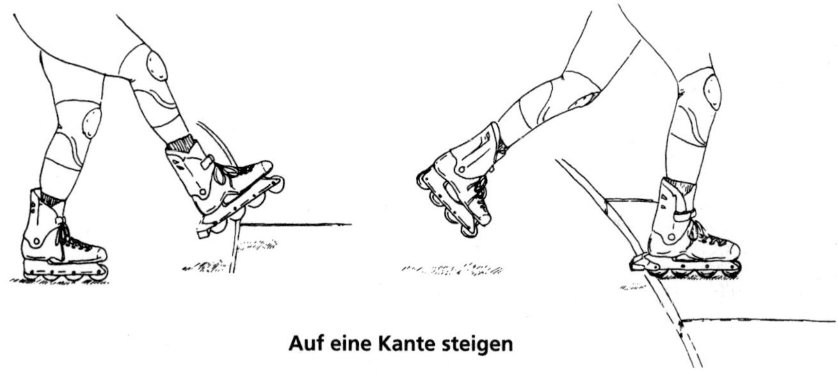

Auf eine Kante steigen

Hinuntergehen:
1. Die Kante anzielen, Knie gebeugt, Füße in der Schere, links vor rechts.
2. In einem 5 bis 10 cm großen Abstand von der Kantenecke auf den rechten, hinteren Skate wippen, den vorderen nur einige Zentimeter vom Weg abheben.
3. Gerade wenn die hintere Rolle die Ecke der Straßenkante berührt, vorwärts wippen und auf dem linken Skate herunterkommen. Mit dem gebeugten Knie den Stoß beim Aufkommen abfangen.

Eine Kante hinuntersteigen

Sobald der linke Skate den Boden berührt, das Gewicht vorne halten und den rechten (hinteren) Skate über die Kante heben und ihn wieder in eine parallele Haltung bringen.

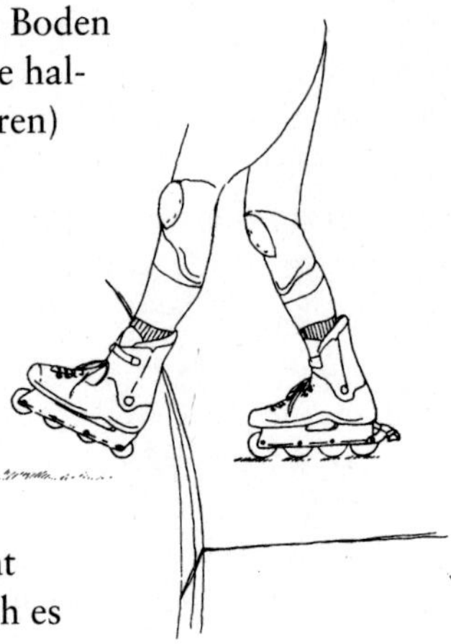

○○○○ Sollte das Gefühl, beim Herunterwippen rückwärts zu fallen, immer noch nicht verschwunden sein, versuch es damit, die Hand auf das vordere Knie zu legen und damit mehr Gewicht nach vorne und unten zu verlagern.

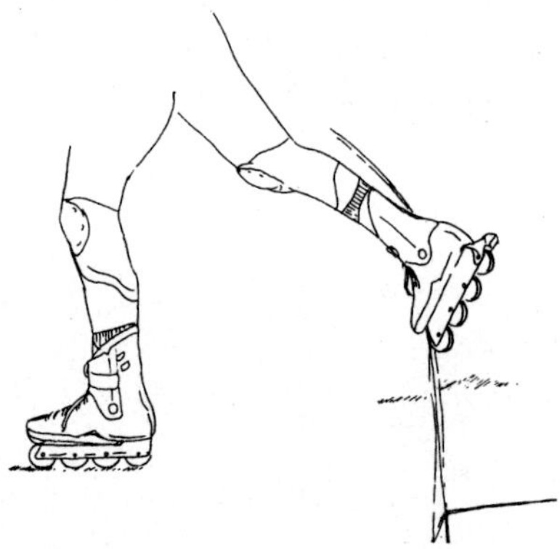

6. Gehsteige und Auffahrten: Manche Gehsteige sind abgeflacht, damit Autos, Fahrräder und Rollstühle sie leichter überqueren können. Für Skater jedoch können sie gefährlich sein, wenn die Spitze der Auffahrt der Straße nicht ebenmäßig angepaßt ist. Die Stufenlosigkeit erfordert ohnehin Aufmerksamkeit. Am besten überwindest du eine Auffahrt, hoch oder runter, in der Schere. Um es zu wiederholen: Wenn ein Hindernis groß genug ist, damit sich ein Skate darin verfangen kann, gilt das auch für beide.

Hinauflaufen: Einige Auffahrten sind steiler als andere. Man benötigt daher zum leichten Darüberrollen ausreichend Geschwindigkeit. Bist du zu langsam, bleibst du mittendrin hängen. Dann wird das ganze eine kleine Bergsteigerexpedition, bei der du leicht stürzen kannst.

Füße in der Schere, den linken Skate vorne, die Knie gebeugt. Die Fußspitzen anheben und damit das Gewicht von den vorderen Rollen nehmen. Nicht zurücklehnen! (Die Vorderrolle leicht anheben, wenn die Kante der Auffahrt mehr als halb so hoch ist wie die Rolle.) Den vorderen Skate vorne lassen, indem die Beine mit Hilfe der Innenschenkelmuskulatur in der Schere bleiben. Laß dich einfach aufwärts rollen.

Hinunterlaufen: Hier gilt dasselbe wie beim Überwinden einer Kante. Lehnst du dich nach hinten, wirst du mit Sicherheit rückwärts fallen. Mach es wie beim Hinaufgehen. Dazu legst du die Hände auf die Knie, lehnst dich nach vorne und rollst hinunter. Richte dich erst auf, wenn du die Auffahrt überwunden hast.

Eine Rampe hinunterskaten

Sprünge und Stöße

Der Versuch, ein Hindernis zu überspringen, kann sich lohnen. Wenn die Straßenoberfläche leicht uneben wird und du dauernd einen Stoß abfedern mußt, dann bleibt dir die Wahl zwischen Weiterrollen – oder Springen. Als Skiläufer kennt man dieses Problem. Was macht man: sich ausliefern oder nicht? Oftmals bleibt dir gar keine Wahl. Volle Schutzausrüstung inklusive Helm verleiht dir ein ausreichendes Gefühl von Sicherheit, auch ein Durch-die-Luft-Segeln in Kauf zu nehmen. Die beste Vorbereitung auf den Sprung durch die Luft ist das vorherige Üben.

Wie wir schon gelernt haben, bedeutet ein Springen mit nach außen gerichteten Fußspitzen mit hoher Wahrscheinlichkeit den Sturz rückwärts. Zeigen die Hacken nach oben, dann kann man vorwärts fallen. Das Abspringen von fest und flach aufgesetzten Füßen ermöglicht eher, das Gleichgewicht für eine bessere, sichere Landung zu bewahren. Versuch es ein paarmal, um die Erinnerung daran aufzufrischen, dann probier es im Rollen. Das Übungsgebiet sollte eben und frei von Schutt sein. Angefangen wird mit einem langsamen Rollen und kurzen Sprung.

1. In der Ausgangsstellung sind die Beine parallel, die Füße ungefähr 30 cm voneinander entfernt, die Knie gebeugt, die Arme hängen seitlich herunter.
2. Von der Taille aufwärts nach vorne lehnen und die Knie in einem 45-Grad-Winkel beugen. Die Arme sollten sich leicht hinter dem Körper befinden. (Die Körperhaltung ist ähnlich wie bei einem weiten Sprung.)

3. Das Gleichgewicht stimmt nun, und du fühlst dich geistig vorbereitet. Gerade hoch springen. Die Skates heben sich vom Boden ab, die Arme sind zur Stabilisierung vor dem Körper gebeugt. Hochsehen!
4. Auf beiden Füßen landen, flach, parallel und leicht in der Schere. Den Stoß durch den Aufprall bei der Landung durch Beugung von Knie und Oberkörper abfedern. Die Arme nach vorn.

Wenn du es dir zutraust, rollst du schneller und springst höher. Je größer die Geschwindigkeit, desto weiter wird der Sprung. Ein Hindernis in der Vorwärtsbewegung zu überspringen erfordert Denken, Entschlußkraft und das Geschick, den richtigen Zeitpunkt zu erwischen. Man muß darüber nachdenken, wie hoch und weit der Sprung sein muß, um das Hindernis zu überwinden. Man muß sich auf den Sprung vorbereiten und sich ausreichend Zeit für alle Bewegungen geben. Ist deine Entscheidung zu springen erst einmal gefallen, bleib dabei und tue es.

Nun zum Stoß durch den Aufprall: Du brauchst weder phantastische Auffahrten noch ein entsprechendes Equipment, um das Besondere des Fliegens zu fühlen. Eine 6 bis 13 cm hohe Schwelle im Asphalt reicht, damit du mehr als doppelt so hoch katapultiert wirst. Allerdings solltest du in den Grenzen der eigenen Möglichkeiten bleiben. Denk daran, je höher du springst, desto härter wirst du landen. Deine Beine, besonders die Knie, sollten stark und gesund genug sein, den Aufprall auszuhalten. Auch die Größe des Sprungs muß mitgerechnet werden, die Höhe, der Steigwinkel des Sprungs vom Absprungpunkt zur Spitze des Hindernisses und, am wichtigsten, jede Unebenheit und alles, worin sich eine Rolle verfangen kann. Beim Straßen-Skating muß man ganz schnell alles abschätzen und entscheiden, ob man einen Sprung vermeiden oder ausführen will. Nun leg deine Schutzausrüstung an, such dir eine besonders geeignete Unebenheit und fang an, sie zu springen.

1. Eine Bodenwelle: Stelle dich so hin, daß die Vorderrollen die Basis der Bodenwelle berühren. Mit einem Skate hinauf- und hinunterrollen, um ein Gefühl für den Winkel in bezug zu den Rollen zu bekommen. Zeigt die Spitze der Bodenwelle in deine Richtung, könntest du zurückgeworfen werden. Du möchtest doch sicher sein, daß der Winkel eine Bewegung nach oben und vorne garantiert. Wenn alles diesen grundlegenden Kriterien entspricht, geh zum Ausgangspunkt zurück und bereite dich auf den Sprung vor.

○○○○ Die Geschwindigkeit sollte das Erreichen einer gewissen Höhe garantieren. Bist du zu langsam, dann könnte dir für die angestrebte Höhe der erforderliche Schwung fehlen. Am Anfang zu schnell zu sein ist niemals eine gute Idee. Das Timing ist alles. Springst du zu spät, dann kommen die Rollen womöglich in Kontakt mit dem Hindernis, und du fällst nach vorn. Bist du zu schnell, kommst du wahrscheinlich nicht hoch genug.

2. Überspringen einer Bodenwelle:

1. Vorbereitung wie bei einem freien Sprung. Vorwärts rollen, Füße dabei in Parallelhaltung, die Knie in einen 45-Grad-Winkel gebeugt. Gleichmäßig skaten. (Ja, ich weiß, daß das im Widerspruch zu dem steht, was ich vorher gesagt habe, doch vertrau mir.) Hochsehen!
2. In dem Augenblick, in dem die Vorderrollen am Absprungpunkt sind, gerade hochspringen. Triffst du den Absprung und hebst rechtzeitig ab, dann hast du einen guten Flug.
3. Wie im freien Sprung, auf flachen Füßen landen, leicht in der Schere, das Aufkommen mit gebeugten Knien abfangen. Als nächstes kannst du es mit einer phantasievolleren Landung mit einem flachen Skate und den Vorderrollen des anderen Skates leicht hinter dir probieren.

Landung nach einem Sprung im Ausfallschritt

Steigungen: Berg und Tal

Wann immer dich jemand fragt: «Warum willst du diese Hügel bezwingen?» lautet die Antwort: «Weil er da ist und ich keine andere Möglichkeit habe.» Es ist völlig gleichgültig, wo du lebst, eines Tages wird dir der Schrecken in die Knochen fahren, wenn du einen steilen Hang hinunterdonnerst. Bevor du aber hinunterrollst, mußt du zuerst hinaufkommen.

Aufstieg: Solange du die Kraft hast und den Wunsch verspürst, eine höhere Erhebung zu erreichen, und dich nicht hochschleppen lassen willst, ist jede Steigung mit Skates zu nehmen. Dafür bieten sich zwei Möglichkeiten an: gleitend und hackend. Bei jeder Methode mußt du eine andere Skating-Technik anwenden, was dich an andere Grenzbereiche bringt. Durch Übung kannst du herausfinden, daß du den Winkel des Körpers in bezug zu der Länge der Schritte setzen kannst und so das Überwinden der Steigung leichter oder schwerer wird.

1. Gleiten: Bei einer Steigung ist tatsächlich die geradlinige Technik die beste. Die Erdanziehung und die Steigung selbst werden sich als erstklassige Werkzeuge für ein größeres Widerstandstraining erweisen. Die Geschwindigkeit, mit der du läufst, wird ganz allein von dir selbst und deinem Einsatz abhängen. Weil jede Steigung anders ist, darfst du dich nicht auf nur eine Haltung und einen Stil beschränken. Experimentiere mit deinem Körper, bring ihn in Extrempositionen. Wie weit läßt sich der Brustkorb auf die Knie bringen? Dann Knie und Knöchel beugen. Je tiefer du den Oberkörper hinunterbringst, desto länger werden deine Schritte werden. Der Armschwung entspricht dem in Ebenen eingesetzten: gerader Arm zurück und gebeugt an die Nase nach vorne. Dadurch geht der Schwung direkt geradeaus und vorwärts. Eine Steigung muß man sich erarbeiten. Nun geht es aufwärts. Der Winkel des Oberkörpers von der Taille an wird jeweils um 10 Grad zur Zeit vergrößert. Mit der Veränderung der Schritte wirst du dich wohler fühlen. Du solltest versuchen, den Winkel der Körperposition so auszutarieren, daß du die für die spezielle Steigung erforderliche optimale Körperposition für dich selbst herausfindest. Und denk immer daran hochzublicken.

2. Hacken: Diese Methode ähnelt dem Hinauflaufen auf einen Berg. Kopf und Brustkorb zeigen auf das äußerste Ziel, die Spitze. Die Skates sind nach außen gerichtet und flach. Dadurch erhältst du eine bessere Bodenhaftung. Die Schritte sind kurz, schnell und schneiden wirklich in die Steigung. Die gebeugten Ellbogen schwingen vor der Brust hin und her, entgegengesetzt zu den Beinbewegungen. Natürlich ist es von deiner Kondition und der Steigung abhängig, wie lange du diese Art des Kletterns durchhältst. Am besten wechselst du zwischen beiden Methoden. Dadurch wird die Übung angenehmer und abgerundeter.

Abfahren / Down Hill: Ist man erst einmal oben, dann bleibt einem keine andere Möglichkeit, als wieder herunterzukommen. Und das wird als der erschreckendere oder schönere Teil des Skating-Abenteuers empfunden. Wegen der zu erreichenden möglichen Geschwindigkeiten, gut 40 bis 80 km/h und mehr (Rekordgeschwindigkeiten von 140 km/h sind heute keine Seltenheit mehr), und dabei ist es völlig gleichgültig, ob du ein erfahrener Skater bist oder nicht, wirst du den Faustschlag im Magen fühlen, wenn du über den Gipfel kommst und das dicke Ende vor dir siehst. Nun bloß keine Angst haben! Du weißt doch, wie man mit dem Stopper umgeht, deine Panik wird sich in einen Rausch verwandeln.

Natürlich sollte man wie in jeder anderen Sportart oder im Leben allgemein die eigenen Grenzen nicht überschreiten. Empfindest du den Hügel als zu steil, zu eng oder voller Hindernisse, weg mit den Skates und geh! Keiner sollte sich durch nichts und niemanden zu einem unnötigen Risiko verleiten lassen, das er nicht auf sich nehmen möchte. Vertrauen in sich selbst bedeutet schon mehr als den halben Sieg. Der andere Teil ergibt sich aus der Kenntnis der Strecke. Siehst du das Abhangende, die Stelle, wo es wieder flach wird, kannst du dich ausruhen und die Gewißheit haben, auch bei zu schneller Fahrt oder Kontrollverlust heil unten anzukommen. Natürlich gibt es Straßen, die stark befahren sind, Bahnlinien kreuzen oder in eine Sackgasse führen. Um zu vermeiden, im Rücksitz eines Kabrioletts zu enden, ist eines ganz wichtig: Du solltest die Strecke kennen!

Bevor du mit dem Down Hill beginnst, möchte ich auf mehrere Punkte, die du beachten solltest, hinweisen:

1. Füße in der Schere: Gibt es ein Hindernis, in dem sich eine Rolle verfangen kann, könnten sich auch beide darin verfangen. Du solltest immer auf das Wippen vorbereitet sein, um das Gewicht von dem verfangenen Skate weg auf den anderen zu verlagern. Dadurch wird sich immer ein Skate auf dem Boden befinden und dir Stabilität verleihen.

2. **Gebeugte Knie:** Um im Gleichgewicht zu bleiben und Unebenheiten der Straße abzufangen, sollten die Knie immer leicht gebeugt sein. Das Gewicht sollte auf den Fußballen liegen.

3. **Fußspitzen hoch:** Indem die Zehenspitzen in den Stiefeln gehoben oder entspannt werden, verlagert sich das Gewicht weg von den Vorderrollen. So kannst du über die meisten Hindernisse, die halb so hoch wie die Rollen sind, hinwegrollen. Sind die Fußspitzen unten, liegt unnötig viel Gewicht auf den Vorderrollen. Der kleinste Stein wirkt sich sofort störend auf das Gleichgewicht aus.

Dabei nicht auf die Hacken lehnen!

4. **Gerade fahren:** Auf belebter Strecke Zickzack oder Slalom zu fahren verstärkt die Gefahr, in einen anderen Skater oder Läufer zu zicken und in einen Fahrradfahrer oder ein Auto zu zacken. Du solltest nur dort Slalom fahren oder Skitechniken üben, wo es das Gebiet zuläßt oder du ganz sicher weißt, daß kein anderer die Straße benutzen wird, der deine Skating-Bewegungen stören könnte.

5. **Aufrecht stehen:** Nein, das ist kein Druckfehler. Hier geht es um Alkohol und andere Drogen, auf deren Genuß du beim Skaten auf jeden Fall verzichten mußt. Aus guten Gründen willst du doch die Kontrolle über alle deine Fähigkeiten behalten. Es reicht, daß einen die Natur high macht, und Skaten ist doch schon das höchste der Gefühle! Wir wollen keine neuen polizeilichen Formulierungen wie: SIA (Skating im Affekt) oder TBS (Trunkenheit beim Skating).

UND WAS GANZ WICHTIG IST:

6. **Bleib immer in deinem Geschwindigkeitsbereich:** Fahr nur so schnell, daß du noch bequem bremsen kannst. Nie zu schnell werden, selbst wenn du die physische Fähigkeit dazu besitzt, den Stopper richtig einsetzen zu können. Der Kopf wird die Kontrolle übernehmen und dich vor jedem Versuch schützen. Schon auf der Spitze der Erhebung solltest du anfangen zu bremsen und damit fortfahren, bis du unten angekommen bist. Der nächste Versuch sollte dann so aussehen: oben auf der Spitze den Stopper einsetzen, loslassen und etwas rollen, wieder abbremsen, loslassen. Je besser das Gefühl wird, sicher damit umgehen zu können, desto länger werden die Intervalle und die Geschwindigkeit. Immer in kleinen Schritten steigern, bis du schließlich auf den Gipfel des Berges kommst und sagen kannst: «Ich kann, wenn ich will, jederzeit stoppen.» Erst dann wird die Fahrt richtig schön.

Du solltest dir selbst die Fragen stellen: «Möchte ich anhalten oder nur langsamer werden?» Auf dem Weg liegt kein Hindernis, der Ausblick ist nicht besonders reizvoll, wer will da wirklich stoppen? Wohl keiner. Mehr als wahrscheinlich geht es nur darum, die Geschwindigkeit unter Kontrolle zu bekommen. Was bringt es dann, über das Anhalten nachzudenken? Viel sinnvoller beschäftigst du dich mit dem Wiedererlangen der Kontrolle. Entscheidest du dich dafür, mitten im Hang anzuhalten, solltest du so lange den Stopper betätigen, bis du so langsam wirst, daß du anhalten oder kriechen kannst. Den Körper aus der Fahrtrichtung bringen, senkrecht zum Hang, mit den Skates in die T-Haltung gehen. Das verhindert das Rollen.

7. Nicht in Panik geraten: Manchmal ist es der blanke Horror: Du skatest ruhig vor dich hin, und plötzlich geschieht vor dir etwas. Du hast das Gefühl, du müßtest anhalten – sofort! Ganz egal, wie dringend dieses Bedürfnis nach dem Stopper verlangt, ein unvorbereiteter Stop könnte mehr kaputtmachen als heil lassen. Bremsversuche in dem Moment, in dem man nicht die Kontrolle hat oder panisch ist, stören das Gleichgewicht und erhöhen die Sturzgefahr (also genau das, was du dringend vermeiden möchtest). Gönne dir grundsätzlich einen Augenblick zur Vorbereitung und setze dann den Stopper zum korrekten Bremsen ein.
Mit dem Bewußtsein und der Gewißheit, bremsen zu können, wann immer du möchtest, kannst du ohne Hast die Geschwindigkeit verringern. Du hörst auf, mit den Zähnen zu knirschen, und genießt die Geschwindigkeit und das Gefühl beim Abfahren.

Schnelläufer: Der Anblick der bergabwärtsschießenden Skiläufer bei den Olympischen Winterspielen kann einen schon mit Ehrfurcht erfüllen. Diese geschmeidigen Athleten erreichen Geschwindigkeiten von 140 bis 160 km/h und sind immer noch in der Lage, Gleichgewicht zu halten. Natürlich macht die Länge ihrer Skier den großen Unterschied. Je länger der Ski, desto schneller wird die Fahrt. Dasselbe gilt beim In-Line-Skate. Die Schnellaufskates mit ihren fünf Rollen sind schneller und verleihen größere Stabilität, um den Stürzen nach vorn oder hinten vorzubeugen. Das andere Merkmal, das den Skatern oder Skiläufern größere Schnelligkeit erlaubt, ist ihre Körperhaltung. Sie pressen ihre Körper in eine Hocke, was ihren Schwerpunkt niedriger setzt und weniger Windwiderstand erzeugt.

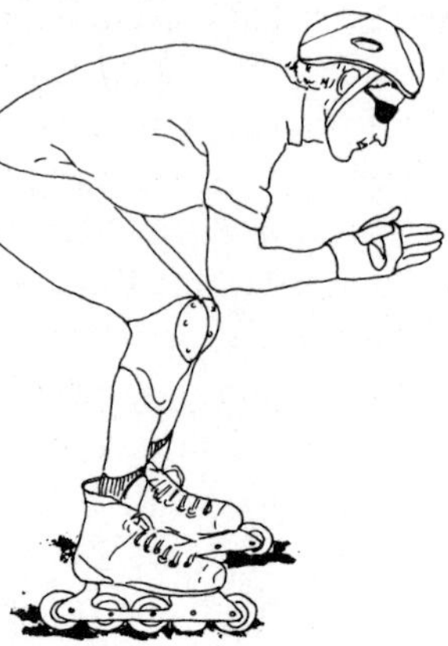

Abfahrtshaltung

Fang damit an, indem du die Hände auf die gebeugten Knie legst, dabei das Gewicht zwischen Fußspanne und Ballen zentriert hältst. Die Skates sollten in Schulterbreite in der Schere sein. Sobald sich ein Gefühl der Stabilität eingestellt hat, durch einen katzenartig gerundeten Rücken den Brustkorb auf die Knie niederbeugen. Ist die Beugung tief genug, leg die gebeugten Arme mit den Ellbogen auf die Knie, die Hände wie zum Gebet. Nach vorn und hoch sehen!

oooo Je größer die Geschwindigkeit wird, desto mehr werden die Füße in die Parallelhaltung drängen. Solange die Straße es zuläßt und du das Gewicht von den Zehen weghalten kannst, bleib in dieser Haltung.
Wie schon gesagt, Slalom oder Zickzack solltest du nur dann laufen, wenn es die Straßenverhältnisse erlauben. Gibt es genügend Freiraum, um Skitechniken auszuprobieren, dann übe den Schneepflug und Slalom. Der Weg sollte frei von Hindernissen und groß genug sein (mindestens 3 m) für das Übersetzen in der Kurve ohne Unterbrechung. Es ist überraschend, wie gut Skitechniken auf In-Lines funktionieren. Eine hervorragende Möglichkeit also, um fit und in Form für Winterski zu bleiben.
Stehst du auf dem Gipfel und blickst auf das Ende des Abhangs, dann stell dir eine gerade Linie vor. (Handelt es sich um eine Straße, gibt es wahrscheinlich schon irgendwo eine Mittellinie.) Sie wird «Fallinie» genannt. Geht es dir um höhere Geschwindigkeit, solltest du dich auf der Fallinie bewegen oder nahe dran bleiben. Je häufiger du die Fallinie schneidest, desto langsamer wird die Fahrt. Der größte Unterschied zwischen Slalom und Schneepflug ist, daß beim Slalom die Füße parallel stehen und mit dem hangaufwärts gerichteten Skate geführt wird; beim Schneepflug führt der hangabwärts gerichtete Skate.

Schneepflugwende: Wie wir schon in Kapitel 6 gelernt haben, handelt es sich beim Schneepflug um ein übertriebenes Eierlaufen, das du zum Verlangsamen in der Ebene einsetzen kannst. Wegen der Relation von Körper zu Skates ist es nicht ratsam, ihn bei hohen Geschwindigkeiten zu fahren.

Schneepflugwenden nun sind etwas anders. Du kannst die Geschwindigkeit kontrollieren und beibehalten, wenn du mit der Bewegung schon oben auf dem Berg beginnst und sehr weite Drehungen, entfernt von der Fallinie, machst. Je effektiver es gelingt, die Fallinie zu schneiden, desto enger können die Kurven werden.

1. Begonnen wird auf der äußersten rechten Straßenseite. Die Beine zur Schneepflughaltung spreizen: Innenkanten und Fußspitzen zeigen nach innen, die Knie sind gebeugt. Die Arme in den Ellbogen wie beim Fahrradfahren beugen. Langsam vorwärts rollen.
2. Nach einigen Metern, bevor die Geschwindigkeit zu groß wird, das rechte Knie stärker beugen und das Gewicht auf die Innenkante des rechten Skates mit Druck auf der Hacke verlagern. Links denken und dann nach links wenden. Der rechte Skate ist durch die Aktion der abwärts zeigende geworden. Der Oberkörper bildet bei der Bewegung mit den Hüften ein Quadrat, wird also nie zur Seite und nach oben weggedreht. Zwanghafte Versuche, dich stärker zu drehen, solltest du besser bleiben lassen. Die Kurve wird sich ganz natürlich ergeben, wenn du es nur zuläßt.

Schneepflugwende

3. Einmal nach links gerollt, senkrecht zur Fallinie, beugst du das linke Knie stärker und verlagerst das Gewicht auf die Innenkante des linken Skates. Denken, drehen und nach rechts rollen. Der linke Skate ist nun der abwärts gerichtete.

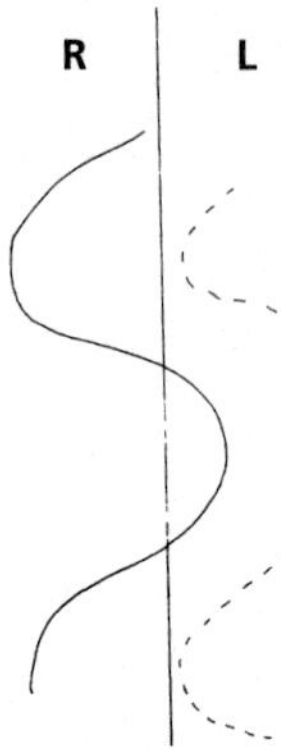

Fahrspuren beim Schneepflug

4. Nach und nach werden die Kurven entschlossener, indem du dich auf den abwärts gerichteten Skate lehnst (rechter abwärts zeigender Skate, um nach links zu drehen, und linker abwärts gerichteter Skate, um nach rechts zu drehen). Je größer der Druck auf der Innenkante, desto schärfer und kontrollierter wird die Kurve werden.

Tip: Um den Übergang von einer Kurve zur anderen sauberer hinzubekommen: Richte dich am Ende der abwärts gerichteten Kurve auf, verteile das Gewicht gleichmäßig auf beide Skates und bereite dich auf die nächste Kurve vor. Auch wenn du aus dem Gleichgewicht kommst, solltest du so reagieren. Dann immer die Füße zusammenführen und mit Hilfe des Stoppers zum Halt kommen.

Grundlagen des Slalom: Skiläufer haben überhaupt kein Problem, ihre Slalomtechniken ganz selbstverständlich auf die Skates zu übertragen. Vielleicht ist das eine Motivation für denjenigen, der noch nie im Leben Ski gelaufen ist, es auch einmal damit zu versuchen.
Wegen der mit dem Slalom verbundenen Mechanismen kann eine leichte Variation des Körperwinkels beim Übersetzen in der Kurve die Fahrt entweder verlangsamen oder beschleunigen. Bevor du es allerdings mit dem Slalom auf einem Berg versuchst, solltest du die Techniken einige Male auf einer ebenen Fläche üben. Eine Bodenmarkierung mit Kegeln, Dosen oder Kreide könnte dir eine genauere Vorstellung von der Kontrolle des Abstands zwischen den einzelnen Umsetzungen in der Kurve vermitteln. Anfänglich sollten diese Markierungen einen Abstand von 3 m haben. Je selbstverständlicher dir das Umsetzen in der Kurve gelingt, desto kleiner können die Abstände werden. Das reguläre Wettkampfmaß beträgt 1,80 m.

Bein- und Skatehaltung:

1. Füße parallel, 8 bis 10 cm voneinander entfernt, in der Schere, der rechte Skate vorne, die Knie gebeugt. Schaust du nach unten, kannst du feststellen, daß du dich genau über dem linken Skate befindest, Nase, Knie, Fußspitzen.

2. Ohne die Hüften auszurichten, stellst du dir vor, daß jemand deine beiden Knie nach rechts drückt, dabei die Skates dazu zwingt, sich auf die Außenkante der rechten Rollen und die Innenkanten der linken Rollen zu winkeln. Der Blick nach unten zeigt, daß sich das linke Knie über der rechten Hacke befindet – immer noch parallel.
3. In der Schere die Füße umsetzen, links nach vorne, rechts nach hinten. Knie beugen und in die linke Außenkante rechte Innenkante lehnen.

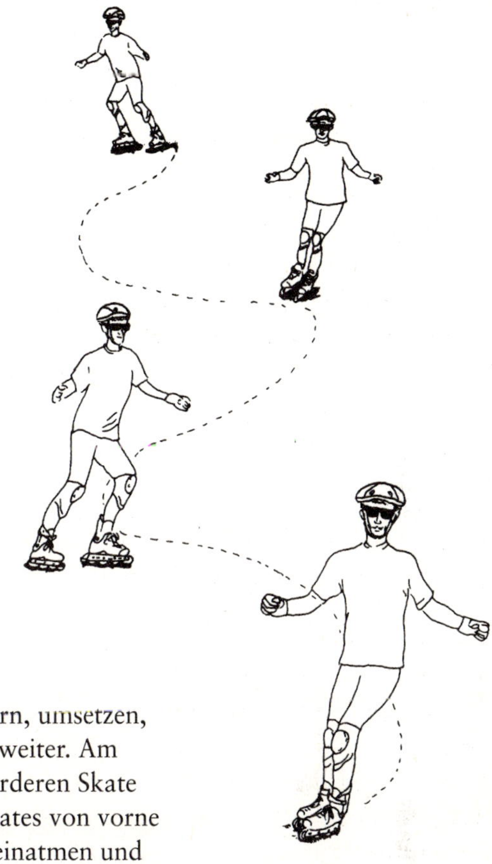

Slalom

Mit den Skates üben, links vorn, umsetzen, rechts vorn, wechseln und so weiter. Am Ende der Bewegung in den vorderen Skate lehnen. Um das Rollen der Skates von vorne nach hinten zu unterstützen, einatmen und das Gewicht hochnehmen, wenn der Fuß durch die Parallelhaltung geht. Erst wenn dir das sicher gelingt, solltest du es im Rollen versuchen.

Slalom auf ebener Fläche:

1. Durch einige Schritte in Fahrt kommen, Beine parallel, dann in der Schere, mit dem linken Skate vorne, den rechten hinten haltend. Bereite dich auf das Umsetzen in der Kurve vor.
2. In die linke Außen- und in die rechte Innenkante der Rollen lehnen. Das Gewicht sollte leicht nach hinten verlagert werden auf den rechten (hinteren) Skate. Mit dem Umsetzen nach links beginnen, der linke Skate führt (im Unterschied zum Skilaufen).

3. Bei ausreichender Geschwindigkeit nach dem Umsetzen in die Schere wechseln, indem der rechte Skate nach vorne gedrückt oder geführt wird. In die Kurve legen durch mehr Gewicht auf dem linken (hinteren) Skate, nach rechts umsetzen. Nun versuch es auf einem Hang, ebenfalls unter Einsatz der Scheren- und Lehntechniken. Hüften und Schultern sollten dabei immer ein Quadrat mit den Knien bilden, das Gewicht liegt auf dem hangaufwärts gerichteten Skate.

Willst du die Fahrt verlangsamen, mußt du die parallel geskateten Abschnitte senkrecht zur Fallinie laufen. Die Beine gehen ganz natürlich in eine weitere Scherenstellung, um das Gleichgewicht bei einer schärferen Kurve zu halten.
Um schneller zu werden, mußt du die Scheren enger halten und die Kurven näher an der Fallinie orientieren.

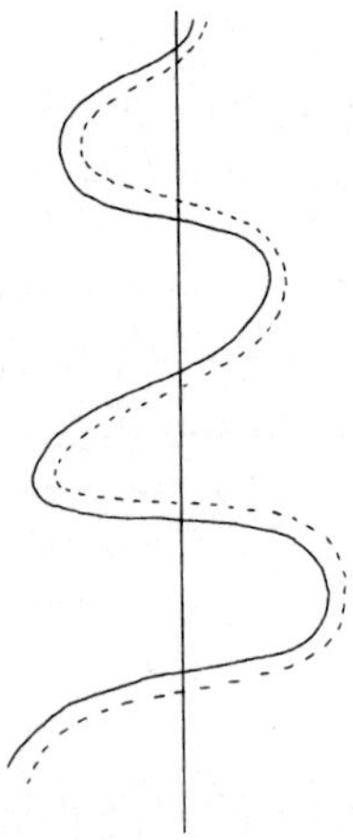

Slalomfahrspur bei langsamer Geschwindigkeit

Slalomfahrspur bei großer Geschwindigkeit

12 Konditions- und Cross-Training

Skating bringt nicht nur Spaß, sondern auch Kraft. Sich drücken gilt nicht mehr. Ausreden wie: «Die Clubs sind überfüllt» oder «Ich habe einfach nicht genug Zeit», oder «Mein Kassettenrecorder ist kaputt, mir fehlt Jane Fonda als Vorturnerin» ziehen einfach nicht. Du brauchst keine Vorbereitung. Zieh einfach deine Skates an und roll los! Besorgungen lassen sich rollend erledigen, man skatet zum Arbeitsplatz, Besuche werden auf Rollen abgestattet. Mach das Skating zum Teil deiner täglichen Routine, und die ganze Plackerei des Trainierens wird eine angenehme, bewegende Erfahrung werden.

Es ist gut möglich, daß du das letzte Mal in der Schule sportlich aktiv warst. Oder warst du etwa einer von denen, die sich durch elterliche Entschuldigungen vor dem Sportunterricht drückten? Dann überschlägst du dieses Kapitel besser. Aber da du das Buch nun einmal in Händen hältst, solltest du auch motiviert sein, dein Leben durch In-Line-Skating gesünder und sportlicher zu gestalten.

Wegen der Vielzahl der Gegebenheiten, auf die du beim Skaten draußen treffen könntest – Erhebungen, Kurven und Ebenen –, ist Skating eine der vollkommensten Übungen. Es verbrennt bis zu 600 Kalorien in der Stunde und trainiert Herz, Lungen und die meisten Muskelgruppen vom Unterleib und unteren Rückenbereich an abwärts. Kräftige Muskeln sind die Hauptsache beim Skaten und wichtig für die Ausdauer. Skating selbst reicht einfach nicht aus, um die für eine maximale Leistung notwendigen Muskeln auszubilden. Ob du nun aus Spaß und zur Erholung skatest oder auf Ultramarathon trainierst, eine Feinabstimmung deiner Muskeln wird dich zu persönlichen Höchstleistungen und darüber hinaus bringen.

Am besten machst du dir zuerst klar, wie und warum ein Übungsprogramm geschaffen wurde. Meine Erfahrung als Eisschnelläufer und Ultramarathon-Rollschuhläufer hat mir Jahre des Trainings auf der Straße und «off road» beschert. Meine Winter verbrachte ich auf dem Eis, und warmes Wetter führte mich hinaus auf die Straßen. Neben dem Lernen der von den Sportlehrern vermittelten Methoden wurde mir eine wichtige Sache ganz klar: Vor Verletzungen ist keiner sicher. Diese Lektion lernte ich auf Kosten meiner Knie. Nach Monaten der Rehabilitation schuf ich mir ein Übungsprogramm, das ich zum Teil meiner täglichen Routine machte. In meinem Job mußte ich viel reisen und konnte nicht auf die Wohltaten eines regelmäßigen Fitneßclubbesuchs zurückgreifen. Also richtete ich mein Trainingsprogramm so ein, daß es besser in meinen Lebensstil paßte. Nun biete ich dir nach Jahren des Verfeinerns:

JOELS VOLLSTÄNDIGES SKATINGTRAININGSPROGRAMM

Die Absicht dieses Programms ist nicht, dir zu bombastischen Schenkeln und Waden zu verhelfen, sondern dich in ein Programm einzubinden, das einfach genug ist für das tägliche Üben, wo auch immer du gerade bist; einschließlich zu Hause, im Büro, selbst beim Warten in der Schlange an der Kinokasse. Die Übungen sind als Widerstands- und Gewichtstraining gedacht, um die fürs Skaten notwendigen Muskeln auszubilden und um typischen Verletzungen und Schmerzen vorzubeugen. Mit der Zeit und der richtigen Ernährung wirst du deine persönliche Skatingkraft finden, und deine Ausdauer wird größer werden. Deine Haltung wird stromlinienförmiger werden, dein Körper wird athletischer, und natürlich wirst du großartige Brüste bekommen.

Equipment

Alles, was du brauchst, um anzufangen, sind zwei Dinge:

1. Zwei Knöchelgewichte: 1 kg, 2 kg oder 4,5 kg, abhängig von deiner gegenwärtigen Kraft. (Du kannst auch deine Skates als Gewichte benutzen.)
2. Elastische Bänder, Stützbandagen oder Gummibänder.

1. Knöchelgewichte: Es gibt mehrere Sorten, die man heutzutage käuflich erwerben kann, unter anderem sand-, wasser- oder bleischrotgefüllte. Es gibt auch welche mit fest angebrachten oder herausnehmbaren Bleibarren. Die erstgenannten Arten passen sich den Knöcheln besser an, einige bekommen jedoch leicht ein Leck. Die härteren Bleibarren-Bänder können manchmal Druck auf den Knöchel ausüben. Aber wenn die Gewichte einstellbar sind, dann kann man sie in Sitz und Gewicht passend machen. Vor dem Kauf solltest du sie ausprobieren. Beginne mit zwei kleinen oder mittleren Gewichten und erhöhe oder kombiniere je nach Bedarf. Leg am besten gleich los. Später kannst du die Gewichte verdoppeln, um größeren Widerstand zu erlangen.

2. **Elastische Bänder oder Stützbandagen:** Widerstandsbänder (beispielsweise Dyna-Band) sind leichtgewichtige, kompakte Stücke der Ausrüstung, die du zu Hause benutzten kannst, bei der Arbeit, überall. Weil sie häufig von Trainern und Krankengymnasten zur körperlichen Rehabilitation benutzt werden, sind sie ohne Schwierigkeiten erhältlich. Abhängig vom Hersteller sind die Bänder verschieden dick. Die Farben zeigen in der Regel den jeweiligen Widerstandsgrad an. Abhängig von deiner Kraft trainierst du zuerst mit einem mittleren, dann, wenn das zu leicht wird, mit einem dickeren Band. Wie bei den Gewichten kannst du bei Bedarf jeweils eine Schicht dazulegen. Ich bevorzuge das elastische Band. Es hält meist nicht so lange, reißt leichter, doch wenn man es um den Knöchel wickelt, rollt es sich nicht so wie die elastischen Stützbandagen am Bein hinauf. Behaarte Beine reagieren darauf recht empfindlich. Miß den Streifen aus, indem du das Band um deine Knöchel legst, Füße dabei in Schulterbreite. Das Band sollte straff sitzen. Gibt 25 cm hinzu, schneide das Band ab, und mach einen Knoten am Ende.

Fehlendes Equipment ist keine Entschuldigung, nicht mit dem Üben anzufangen. Dein eigener Körper stellt sich als Gewichtsquelle zur Verfügung, und Körpergewicht bietet den besten natürlichen Widerstand. Du kannst auch einen Freund um Hilfestellung bitten, wenn du zusätzlichen Druck bei einigen Bewegungen benötigen solltest. Und natürlich sind da noch die Skates, die pro Stück 1,4 bis 2,3 kg wiegen können.

Übungen können zu jeder Tages- oder Nachtzeit gemacht werden. Ich finde es leichter, gleich morgens nach dem Aufwachen im Bett damit zu beginnen. Wenn ich dann aufstehe, habe ich schon mehr als die Hälfte meines Programms erledigt und gehe den vor mir liegenden Tag mit Elan an. Natürlich ist das alles schwieriger mit einem Bettgenossen, den solche Frühaufstehaktionen nicht begeistern. Dann solltest du besser aus dem Bett rollen, dich auf die Couch oder den Boden begeben.

Entscheide dich, wie du vom In-Line-Skating profitieren willst und was deine äußersten Ziele sind: Langstrecken- oder Schnelläufer oder aber vergnügungssüchtiger Allround-Athlet. Wie auch immer deine Wahl ausfällt, bleib bei einem Programmsystem, um dein Ziel zu erreichen. Da ich dieses Buch für den Freizeit-Skater geschrieben habe, bietet mein Programm eine Ganz-Körper-Stärkung und ein ebensolches Konditionstraining.

Entweder ohne Gewicht (außer dem Gewicht deines eigenen Körpers) oder mit einem leichten Gewicht (von 1 bis 2,3 kg) anfangen. Du solltest versuchen, das vollständige Programm zwei- oder dreimal pro Woche zu absolvieren, wenn möglich, häufiger. Mach jede Übung bis zur Toleranzgrenze. Das Programm bietet einen fortschreitenden Aufbauprozeß, bei dem deine Muskeln bis zur Schmerzgrenze belastet werden müssen. Mit zunehmender Kraft werden dir die Übungen leichter fallen. Erhöhe Schritt für Schritt das Gewicht für das Kraft- und die Anzahl der Wiederholungen für das Ausdauertraining.
Ausgehend vom folgenden Trainingsprogramm, das ein Ziel vorgibt, solltest du die Vorgaben deinen besonderen Bedürfnissen und deiner verfügbaren Zeit anpassen. Tritt irgendein Schmerz auf, beende die Übung sofort, mach Pause und kümmere dich um eine andere Muskelgruppe. Probiere es am nächsten Tag erneut. Hält der Schmerz an, unterbrich die Übungen und konsultiere möglicherweise deinen Arzt.

Nie das Dehnen vor und nach jedem Programm vergessen!

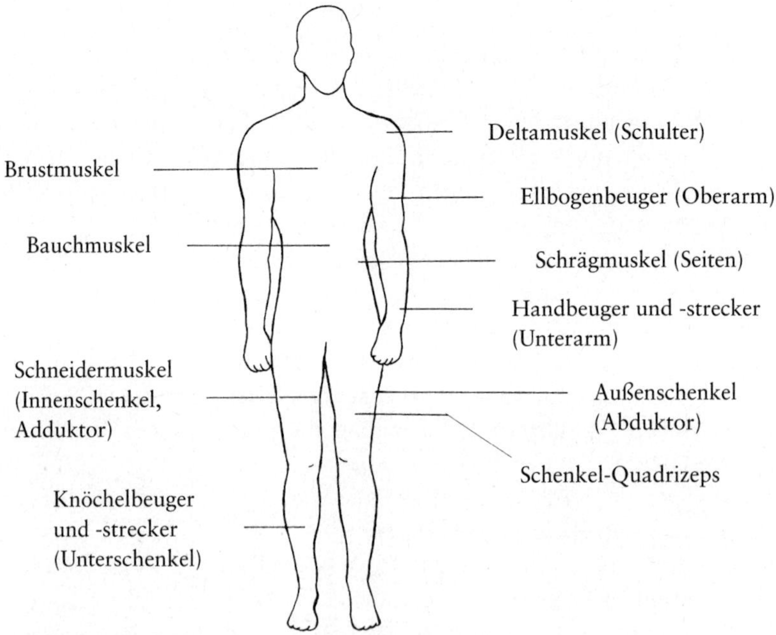

Muskelgruppen vorn

Ziel	allgemein	Gewicht	Wiederhlg.	Sätze	Rhythmus
Ausdauer	leicht mehrfach	0–10 kg	50–100	1–2	gemäßigt
Geschwindigkeit	mittel mehrfach	10–20 kg	8–15	1–2	schnell
Kraft	mittel bis schwer, wenige Wiederhlg.	20–50 kg	6–10	1–3	ansteigend

Die meisten beschriebenen Übungen beziehen sich auf Gewichte und/oder Bänder. Die angesprochenen Muskelgruppen sind in der Regel die gleichen, aber der Widerstand unterscheidet sich. Für ein besseres Programm probiere beides. Finde heraus, welcher Methode du den Vorrang geben würdest. Wenn dir eine Übung mehr Spaß macht oder in deinen Lebensstil paßt, wirst du sie wahrscheinlich häufiger machen.

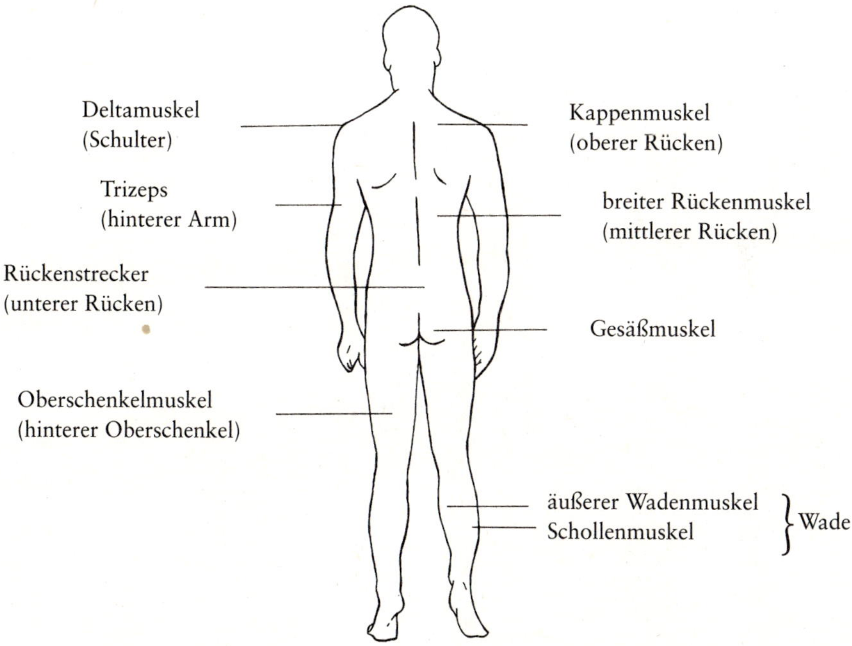

Muskelgruppen hinten

Beine

Die folgenden Übungen sind für die meisten Muskeln der Schenkel (vorn – Quadrizeps, hinten – Oberschenkelmuskel, innen – Adduktoren, Pobacken und Gesäßmuskeln) und die Waden (hinten – äußerer Waden- und Schollenmuskel) gedacht.
Fuß- und Beinhaltung: Bei Aufzügen sollen alle Schenkelmuskel angesprochen werden. Das erreichst du mit einer einfachen Rotation des Beins, ausgehend von der Hüfte: Beine parallel ausgestreckt, die Spitzen zeigen nach vorne. Laß das Bein von der Hüfte an rotieren, dabei zeigt die Fußspitze nach außen. Dann mit dem anderen Bein; versuch es auch mit beiden Beinen gleichzeitig. Dieselbe Übung mit den von den Knöcheln an angespannten Beinen: Fersendehnung: Füße zuerst parallel, dann die Hacke wegstrecken und gleichzeitig die Zehen anziehen. Jeder Wiederholungsset sollte alle Fuß- und Beinhaltungen umfassen.

1. Aufzüge vorne (Quadrizeps): Hier handelt es sich um die Muskeln, die sich am vorderen Schenkel befinden. Die Quadrizeps unterstützen in der richtigen im Knie gebeugten Skating-Haltung (besonders bei Schnelläufern) das Tragen des Gewichts des Oberkörpers. Richtig entwickelte Quadrizeps schützen auch vor einer Knieverletzung, indem sie den Druck direkt vom Knie nehmen.

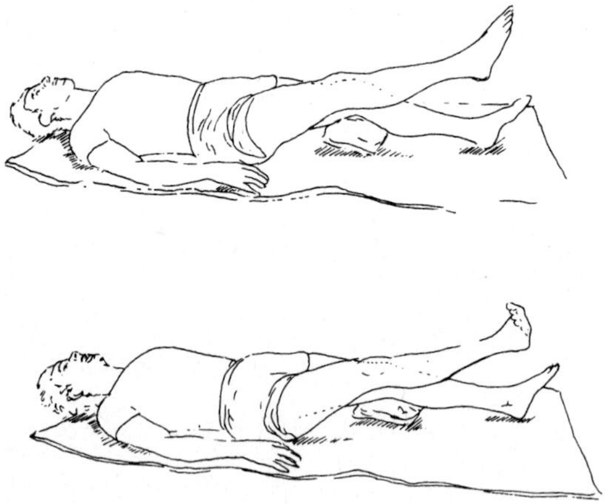

Beinaufzüge

Gewichte:

1. Auf dem Rücken liegen, die Beine gestreckt. Ein zusammengefaltetes Kissen, zusammengerolltes Handtuch oder ein ähnlich weiches Objekt unter das rechte Knie plazieren, um es in Beugung zu halten. (Ein gebeugtes Knie nimmt den Druck weg vom unteren Rücken.) Die Hände liegen seitlich oder über dem Brustkorb.
2. Die Fußspitzen werden parallel und gerade gehalten. Das linke Bein vorsichtig von der Hüfte an 20 bis 25 cm vom Boden abheben. Halten, dann langsam wieder ablegen. Kontinuierlich wiederholen. Dabei auf alle vier Fußhaltungen achten: gerade gestreckt und angespannt, parallel und nach außen gedreht. Die Übung mit dem rechten Bein wiederholen.

Band:

1. Aufrecht stehen, den Rücken gegen eine Wand gelehnt, Knie gebeugt.
2. Das Band um den linken Knöchel wickeln und mit dem rechten Fuß auf das andere Ende treten.
3. Beide Knie sind gebeugt und zusammen. Nun das linke Bein nach vorn zu einem 45-Grad-Winkel anheben. (Wenn das Band nicht straff genug ist oder nicht ausreichend Widerstand bietet, durch Versetzen des Knotens kürzen.) Mit den Wiederholungen anfangen. Dabei die vier Haltungen nicht vergessen. Dann mit dem rechten Bein.

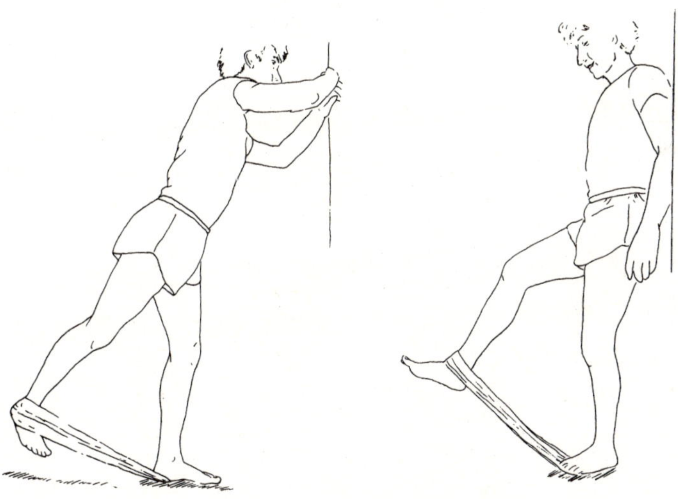

Beinaufzüge nach vorn und nach hinten mit Band

2. Aufzüge mit Innenschenkel (Adduktoren): Die Schneidermuskeln um die Leistengegend entlang der Oberschenkelinnenseite gehören zu der Gruppe der Adduktoren. Sie geben die Kraft zu ziehen und die Beine parallel und zentriert zusammenzuhalten.

Gewichte:

1. Ausgestreckt auf der rechten Seite liegen. Die Gewichte sicher am Knöchel befestigt. Das linke Knie beugen, das linke Bein anheben und den linken Fuß vor das rechte gestreckte Bein flach auf den Boden stellen.
2. Das rechte Bein 20 bis 25 cm vom Boden abheben, der Fuß ist dabei angespannt (Fersendehnung). Zwei Sekunden halten, das rechte Bein langsam absenken. Wiederholen. Dann wieder zurück in die Ausgangsstellung und die Übung ausgestreckt auf der linken Seite mit dem linken Bein wiederholen. Du solltest dabei genau auf deine Bein- und Körperhaltung achten.

Band:

1. An einem Stuhl oder einer Wand festhalten. Die Knie sind gebeugt. Das Band um den rechten Knöchel wickeln (sollte es rutschen, um die Hacke wickeln) und den linken Fuß auf die halbe Breite des Bandes stellen.
2. Das rechte Bein nach vorne und hoch strecken, bis das Band gespannt ist. Den Fuß dabei angespannt halten. Das rechte Bein vor das linke heben und dann zurück. Das Band sollte dabei immer gespannt bleiben. Wiederholen, dann mit dem linken Bein.

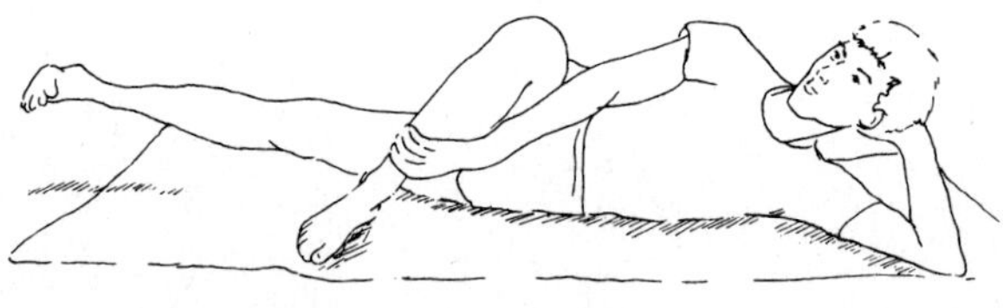

Beinaufzug, Oberschenkelinnenseite

3. Aufzüge mit Oberschenkelaußenseite (Abduktoren): Die Abduktoren laufen auf der Schenkelaußenseite von den Hüften ausgehend. Das sind die Muskeln, die in der Hauptsache beim seitlichen Beinabstoß beansprucht werden.

Gewichte:

1. Ganz ausgestreckt auf der linken Seite liegen.
2. Das rechte gestreckte Bein gerade seitlich anheben, die Hüften bleiben gerade, werden weder gebeugt noch angehoben. Soweit hochkommen wie möglich, zwei Sekunden lang halten, dann das Bein langsam ablegen. Nun den Fuß anspannen (Fersendehnung). Wiederholen.

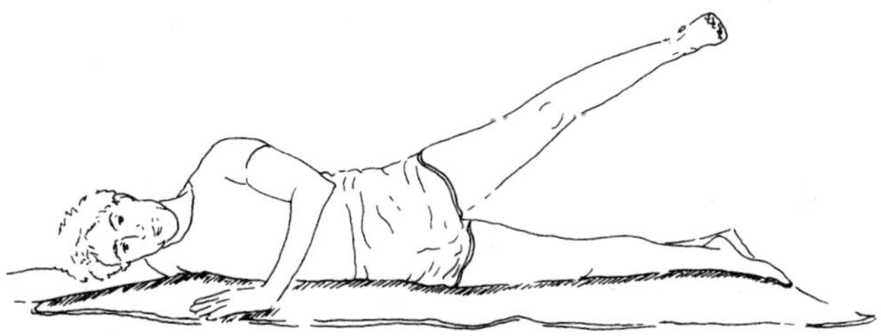

Beinaufzug, Oberschenkelaußenseite

Band:

1. An einem Stuhl oder einer Wand stehen. Das Band um beide Knöchel wickeln. (Sollte es hochrutschen, auch über die Hacken legen.) Halte dich rechts fest.
2. Das rechte Knie leicht beugen, das linke durchstrecken. Das linke gestreckte Bein unter Fersendehnung direkt zur Seite heben. Wiederholen. Dann mit dem rechten Bein.

Seitendehnung mit Band

4. Aufzug mit hinterem Bein (Gesäß- und Oberschenkelmuskel): Die Gesäßmuskel sind die wunderbaren Muskel, die den Po formen. Die Kniesehnen laufen am hinteren Oberschenkel vom Po zur Kniebeuge. Beide Muskelgruppen teilen sich das Programm der rückwärtigen Dehnung der Hüfte und unterstützen damit das Skaten.

Gewichte:

1. In den Kniestand gehen, also auf Hände und Knie, die Hände befinden sich dabei direkt unter den Schultern, Knie und Beine sind parallel, die Fußspitzen auf dem Boden.
2. Das Gewicht stärker auf das linke Knie legen und das rechte Bein an die Brust ziehen, dabei geht der Rücken in einen Katzenbuckel. Das rechte Bein dann nach unten und hinten in die volle Streckung bis zu den Fußspitzen schwingen. Die Spannung ist hinten in den Schenkeln und im Po zu spüren. Zwei Sekunden halten. Bei Schmerzen im unteren Rücken solltest du das Bein vorsichtig absenken.
3. Das Bein nach hinten gestreckt hochhalten, dann läßt du es rhythmisch zwischen 8 bis 13 cm hoch und runter wippen. Wiederholen. Zurück in den Kniestand, dort einen Moment verharren und erholen. Dann erneut zurückschwingen. Übung wiederholen. Dann mit dem anderen Bein.

Aufzug, hinteres Bein, Kniewaage

Band:

1. Seitlich an einer Wand oder einem Stuhl stehen und festhalten. Das Band um die Hacke des rechten Fußes wickeln und das andere Bandende mit dem linken Fuß nach unten halten. Linkes Knie beugen. Das Band wird durch das Strecken des rechten Beines nach hinten und oben in Spannung gebracht.
2. Aus der Hüfte heraus den Körper nach vorn lehnen, das rechte Bein vorsichtig rhythmisch nach hinten schwingen, dabei die Spannung des Bandes halten. Wiederholen, dann mit dem linken Bein.

5. Gerades Bein und gebeugtes Knie, seitlicher Aufzug (Adduktoren und Abduktoren): Dieser Beinaufzug stärkt und dehnt Hüften und Innenschenkel. Es mag nicht die schönste Übung sein, ist aber wirkungsvoll.

Gewichte:

Kniestand. Das rechte Bein in der L-Haltung des Kniestands halten und das Knie direkt zu Seite heben, parallel zum Boden. Zwei Sekunden lang halten. Wiederholen. Dann mit dem linken Bein. Nun mit jeweils gestrecktem angehobenem Bein die Übung wiederholen. Die Hüften sollten sich der Bewegung nicht anpassen, sondern gerade und parallel zum Boden bleiben.

Aufzug, seitliches Bein, L-Stellung

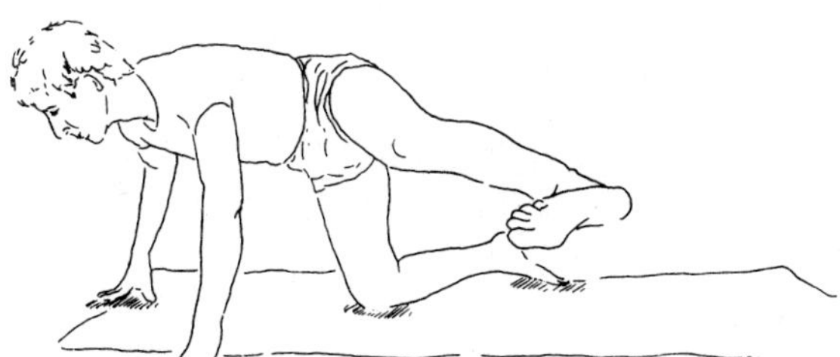

Aufzug mit seitlich gestrecktem Bein

Band:

Zur zusätzlichen Spannung wickelst du für die Übung oben das Band um deine Knie.

6. Beindehnung (Quadrizeps): Die Anspannung und Dehnung der Beine in den Knien und der Einsatz der Oberschenkelmuskel verstärken den Schritt und machen das Zurückgehen in die Ausgangsposition leichter.

Gewichte:

1. Auf die Bettkante oder einen Stuhl setzen. Tatsächlich ist ein Stuhl mit Rückenlehne besser wegen der zusätzlichen Rückenstütze. Die Arme hängen seitlich herunter, der Rücken ist gerade. Die Beine hängen frei. Ein zusammengefaltetes Kissen unter das linke Knie legen, um es etwas anzuheben. Das nimmt den Druck weg vom Knie.
2. Langsam das linke Bein strecken. Nicht ganz durchstrecken, nur etwa bis zum Oberkörper hochheben. (Höher bedeutet unnötigen Druck auf das Knie geben.) Langsam in die Beuge kommen. Wiederholen. Dann mit dem anderen Bein.

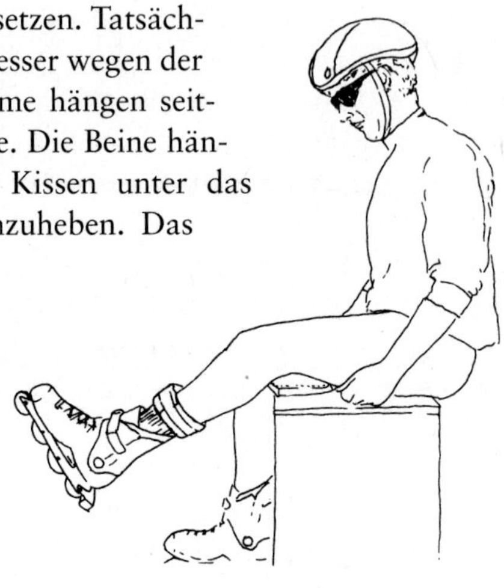

Beinstreckung mit Gewicht

Band:

1. Mit dem Rücken gegen eine Wand gelehnt stehen, den rechten Fuß auf das Band stellen, das andere Ende um den linken Knöchel wickeln.
2. Das linke Bein heben und die Hände zur Unterstützung unter die Kniebeuge legen.
3. Das linke Bein nun vom Knie aus nach der oben beschriebenen Methode strecken und dann absenken. Wiederholen, um danach mit dem anderen Bein fortzufahren.

7. Knöchelheben (Knöchel-/Streckmuskel und äußerer Wadenmuskel): Auch wenn die Ausformung der In-Line-Skates die Knöchel schon ausgezeichnet stützt, machen starke Waden und Knöchel das Skaten angenehmer. Du wirst länger auf diesem schmalen Grat von Rollen ohne Ermüdungserscheinungen stehen können. Diese Bewegung kannst du unter der Dusche, beim Zähneputzen und in der Schlange beim Einkaufen üben. Versuch sie mit parallel gestellten Füßen, die du dann nach außen richtest.

1. Auf die Ballen kommen und dann wieder herunter.

2. Bei der Abwärtsbewegung Knöchel und Knie beugen. Das beides dehnt die Waden und stärkt die Knöchel. Zuerst mit parallel gestellten Füßen versuchen, dann mit nach außen gedrehten Fußspitzen, um den vollen Stärkungsgrad zu erreichen. Wiederholung.

8. Treppen: Wer in einem oberen Stockwerk lebt oder arbeitet, für den sollte es ein leichtes sein, eine Treppe zu finden. Für die «Flachländer» unter euch: Such dir die höchste Treppe, die du finden kannst, und nutze sie. Spazierengehen oder Joggen, eine Stufe zur Zeit, und dann zehn bis zwanzig Minuten lang, ist eine irre Art, die Muskelstärke der Beine für größere Ausdauer zu kräftigen.

Rumpf

Überraschenderweise sind die Bauchmuskeln beim Skaten mit am wichtigsten (besonders in der gebeugten Schnelläuferhaltung). Sind sie stark, dann unterstützen und verlagern sie das Gewicht vom Oberkörper und nehmen in wunderbarer Weise die Anstrengung vom unteren Rücken. Die Schrägmuskeln sind die Muskeln, die in den Seiten nach unten gehen. Sie geben den Rücken- und Bauchmuskeln zusätzliche Hilfe beim Überdehnen.

1. Sit-Ups (Bauchübungen): Ja, man wird sie nicht los. Diesmal kommt diese alte Übung mit leichter Drehung daher.

1. Mit dem Rücken auf dem Boden liegen, die Knie leicht gebeugt, den unteren Rücken und die Füße flach auf dem Boden. Die Arme sind uber der Brust gekreuzt. Wenn du die Übung mit Gewichten machst, dann halte sie nah an der Brust, zwischen den Armen. Leg die Hände nicht hinter den Kopf. Das Ziehen kann im Nacken eine Zerrung verursachen.
2. Einatmen, dann ausatmen und dabei langsam in eine sitzende Haltung hochrollen. Die Bewegung wird von der Bauchmuskulatur und nicht von der Rückenmuskulatur unterstützt. Zwei Sekunden halten.
3. Einatmen, dann ausatmen und anfangen, dich runterzulassen und nach hinten auf den Boden zu legen, dabei den Bauch einziehen. Der untere Rückenteil sollte zuerst den Boden berühren. Dann fühlen, wie jeder Wirbel Kontakt mit dem Boden aufnimmt, bis du wieder ganz liegst. Wiederholen.

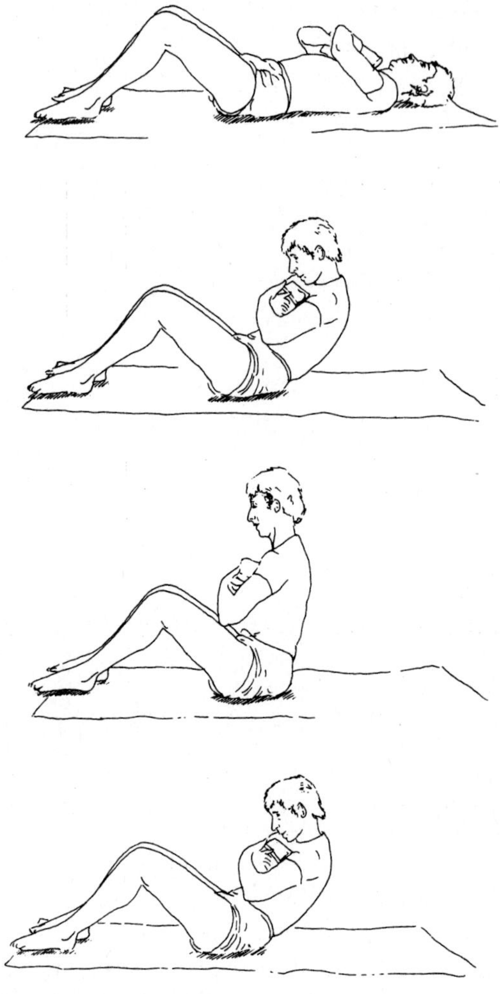

Bauchübungen

Nun mit Drehung: Du willst auch die Schrägmuskeln in den Seiten betätigen.
Gerade vorm Hochkommen in den Sitz ganz langsam den Oberkörper drehen und zur Seite blicken. Halten. Beim Ablegen zuerst wieder aus der Drehung heraus- und dann runterkommen. Wiederholen. Dann zur anderen Seite drehen.

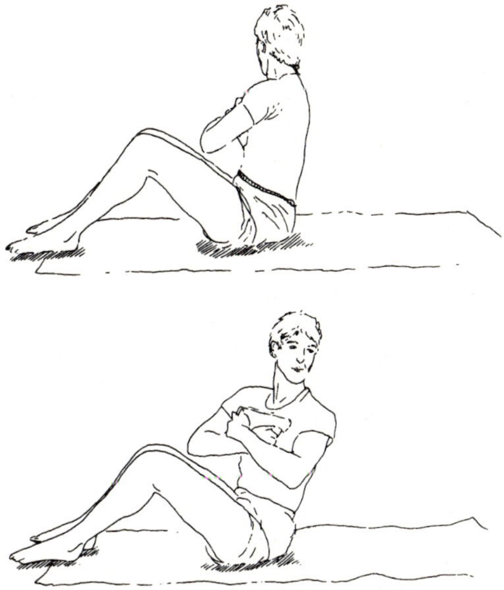

Sit-Ups mit Drehung und Gewicht

Rücken

Der Rücken besteht aus zwei Hauptmuskelgruppen, den Rückenstreckern (unterer Rücken) und dem breiten Rückenmuskel (mittlerer Rücken). Beim Skaten übernimmt der untere Rücken den Hauptdruck wegen dieser schrecklichen überbeugten Haltung. Richtiges Dehnen und Stärken kann Rückenschmerzen vorbeugen und führt dazu, daß du länger in dieser Katzenbuckelhaltung verweilen kannst.

1. Rückendehnung (Rückenstrecker und Gesäßmuskeln): Diese Übung kann im Bett oder an einem Tisch, auf einer Bank oder dem Boden gemacht werden. Jede Methode hat ihre eigenen Abweichungen und Begrenzungen. Das Problem hierbei ist, daß man schwere Gewichte benötigt oder jemanden, der die Füße niederdrückt, damit man nicht umkippt. Auf dem Boden ist der Spielraum nach vorn begrenzt.

Auf dem Bett, einer Bank, einem Tisch:

1. Mit dem Gesicht nach unten liegen, der Kopf hängt über. Die Hüften berühren gerade eben die Bettkante. Laß dich nach vorn auf den Boden hängen. Der Oberkörper ist entspannt. Dein Partner hält deine Beine fest und drückt sie runter. Nimm die Hände entweder auf dem unteren Rücken oder über der Brust zusammen.
2. Einatmen und langsam von der Taille an hochheben und den Körper bis in die Horizontale bringen. Keinesfalls weiter! Zehn Sekunden halten.
3. Ausatmen und langsam in die Ausgangsposition zurückkommen. Wiederholen.

OOOO Als zusätzlichen Widerstand kann man die Arme nach vorne nehmen und seitlich mit den Händen an den Kopf legen.

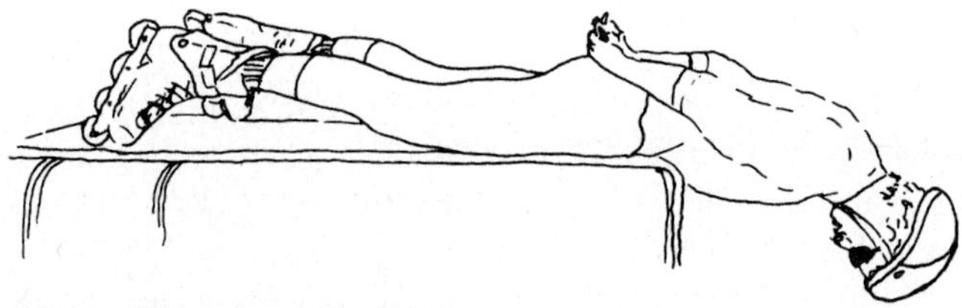

Rückendehnung auf der Bank

Oberkörper

Nur weil Skating in der Hauptsache den Unterkörper fordert, heißt das nicht, daß du die obere Körperhälfte außer acht lassen kannst. Du mußt nicht nur die Füße zusammenhalten, sondern auch die Arme schwingen können (und du weißt, wie ermüdend das sein kann). Ist der Oberkörper schwach, während der untere stark ist, wird der Armschwung nur Energie verbrauchen. Für den Armschwung vor- und rückwärts macht das Kräftigen der folgenden Muskelgruppen deine Technik sauberer und bereitet dir mehr Freude beim Laufen: Oberarme – Bizeps und Trizeps; Schultern – Deltamuskeln; Brust – Brustmuskel; oberer Rücken – Trapezmuskel.

1. Arm-Curling (Bizeps und Trizeps): Die beiden Muskeln liegen im vorderen und rückwärtigen Oberarm, genauer gesagt, zwischen Ellbogen und Schulter. Auch die Knöchelgewichte lassen sich für diese Übung einsetzen.

Bizeps:

1 Aufrecht mit geradem Rücken hinstellen. Das Gewicht in einer Hand halten, die Handinnenfläche nach oben gerichtet, den Arm ganz nach unten gestreckt. Den Ellbogen eng an der Seite halten.
2. Mit dem Aufzug nach oben anfangen, indem du zuerst die Hand nach innen drehst (das geht auch auf den Unterarm) und in die Armbeugung nach vorn und oben übergehst, vom Ellbogen aus bis an die Brust. Halten und den Arm wieder herunterlassen, zuletzt die Hand wieder herausdrehen. Wiederholen. Dann mit dem anderen Arm.

Trizeps:

1. Im Stehen. Den Oberkörper in der Taille in einem 45-Grad-Winkel nach vorn beugen. Das Gewicht dabei in der Hand halten, die Handinnenfläche zum Körper gerichtet, den Ellbogen ganz gebeugt, so daß die Hand mit dem Gewicht den Oberkörper berührt.
2. Den Arm in einem Bogen von oben nach unten und ganz in Richtung Rücken strecken, die Bewegung dabei nahe und gleichmäßig am Körper ausführen. Ist der Arm nach hinten ganz gestreckt, halten. Nun den ausgestreckten Arm noch einmal 8 bis 13 cm federnd heben. Ein Ziehen in den hinteren Armmuskeln sollte zu spüren sein. Wiederholen. Dann mit dem anderen Arm.

2. Armpendeln (Delta-, Trapez- und Brustmuskeln): Auch wenn es nach nichts aussieht, so bietet das einfache Armpendeln doch ein tolles Programm für den Oberkörper und damit für eine ganze Anzahl von Muskeln. Achte darauf, weder Lampen noch Menschen zu treffen.

3. Liegestütz (Trizeps, Trapezmuskel): Über all den sonderbaren neuen Übungsausrüstungen und Ernährungsprogrammen, die heutzutage angeboten werden, wurde der gute alte Liegestütz ganz vergessen. Er ist aber eine der besten Übungen für den Oberarm, die Schultern und den mittleren Rücken. Jeder weiß, wie ein Liegestütz geht. Achte nur darauf, deinen Körper ganz gerade zu halten. Die einzigen Abwandlungen, die mir einfallen, sind Variationen der Handhaltung: einmal die Finger ganz gerade nach vorne ausgerichtet, dann Hände und Finger nach innen gedreht, so daß sie aufeinander zeigen.

Gleitboard

Ein Teil der Ausrüstung, das sich sehr gut für ein Programm für drinnen eignet und Spaß macht, ist das Gleitboard. Es wurde ursprünglich von Bewegungstherapeuten entwickelt, um die Knie zu kräftigen, jedoch bald von den Eissportlern adaptiert als ein Trainingsgerät auf dem Trockenen. Es simuliert die seitliche Gleitbewegung beim Skaten. An feuchten Tagen, wenn das Skaten unmöglich und Eis nicht verfügbar ist, stellt das Gleitboard die wichtigste Trainingsmöglichkeit dar. Das Training auf dem Gleitboard ist toll, um Beine, Po, den unteren Rücken und die Hüften zu stärken. Gleitboards kann man leicht selbst bauen.

Größe: Es gibt verschiedene Faktoren, die du bedenken mußt, wenn du dich für eine Boardgröße entscheidest: Körperkraft, Größe (Länge der Beine und des Schritts) und wieviel Platz dir überhaupt zur Verfügung steht. Die Boardlänge sollte nicht weniger als 1,80 m und nicht mehr als 3,60 m betragen. Ideal wäre ein 2,70 m bis 3 m langes Board, das dem fortgeschrittenen Skater ausreichend Oberfläche für seine Schritte gibt. Das Board kann zwischen 30 cm und 1,20 m breit sein. Du brauchst ein Board, das breit genug ist, damit du einen ruhigen, ununterbrochenen Gleitschritt machen kannst und beim Zurückgehen in die Ausgangsstellung nicht über die Kante stolperst. Auf breiteren Boards können, mit nur wenig Übung, zwei Leute gleichzeitig trainieren. Das werde ich später erklären.

Konstruktion: Die Hauptbestandteile eines Gleitboards sind: das Board, Stoßränder und nicht rutschender Bodenbelag. Alle Teile können in den meisten Baumärkten oder Eisenwarengeschäften gekauft werden. Pflege ist so gut wie nicht erforderlich. Das Board sollte eine glatte beschichtete Oberfläche haben, die leicht gereinigt werden kann. Formica, Wandtäfelung oder ähnlich überzogene Materialien geben ideale Oberflächen ab. Glas (könnte brechen), Holz (könnte splittern) oder Marmor (zu schwer) sind ungeeignet.

Es gibt zwei Methoden, wie du ein Board bauen kannst. Die eine für den Faulen, die andere für den handwerklich Begabten.
Bequeme Methode: Fertige Arbeitsplatten beim Küchenschrankhersteller kaufen. So ein Brett hat eine Standardbreite von 60 cm. Die Länge variiert. Sehr häufig kann man mit ein wenig Suchen eins finden, das an der Oberfläche leicht beschädigt und von daher unverkäuflich ist, was dich einem reduzierten Preis näherbringt. Achte darauf, daß das Brett im Mittelteil an der Oberfläche nicht gebrochen ist, keine Schramme oder Blasen hat oder verzogen ist. Das würde dein Gleiten nur behindern.
Methode für den Handwerker: Zum Bau des eigenen Bretts wird folgendes benötigt:

- Sperrholz- oder Rohspanplatte, die zugeschnitten wird.

Je dicker das Sperrholz, desto schwerer wird das Board. Je dünner, desto schneller verzieht es sich. Sperrholz gibt es normalerweise in einer Länge von 2 m. Soll das Board länger werden, dann müssen die Teile an der Unterseite verbunden werden. Achte darauf, daß das Board und die Streben vollkommen flach und nicht verzogen sind oder irgendeine Beule im Holz haben.

- Formicatuch oder Täfelung wird zugeschnitten.
- Laß dir für die benutzte Sorte Stoff einen geeigneten Kleber empfehlen.

Wenn du den Stoff auf das Sperrholz bringst, achte darauf, den Kleber großzügig auf der ganzen Oberfläche zu verteilen; dabei weder den Rand noch eine Ecke vergessen, sonst verzieht sich das Material. Nur Glückskinder oder Leute, die über ein präzises Augenmaß verfügen, kaufen den Belag in exakt der gleichen Größe wie das Holz. Alle anderen sollten lieber mit einem größeren Stück Belag arbeiten. Es ist das kleinere Übel, überflüssiges Material nach dem Trocknen des Klebers mit einem Messer oder einer Stichsäge mit einem feinzahnigen Blatt zu entfernen. Ärgerlich wäre es allemal, wenn nicht bezogenes Sperrholz übrigbliebe, weil du den Belag falsch plaziert hast. Splittert der Belag an den Ecken leicht, ist das kein Grund zur Besorgnis. Einfach glattschleifen, allerdings nur mit Abwärtsbewegungen.

Einige Kleber brauchen Hitze, um den Stoff fest auf dem Holz kleben zu lassen. Profis beschleunigen häufig den Trockenprozeß, um so jedem möglichen Verziehen vorzubeugen. Das ist für einen Ungeübten allerdings nicht so einfach. Achte darauf, daß die Oberfläche des Stoffes nicht anbrennt oder schmilzt. Dann werden die Kanten hinzugefügt.

Bumper (Anschlag): Die Seitenanschläge werden auf beiden Seiten des Boards angebracht. Sie schützen davor, über die Boardecken zu rutschen. Daneben geben sie einen Ausgangspunkt für die Bewegung. Alles was man dafür braucht, sind zwei Holzstücke, die auf Brettbreite zugeschnitten werden, und ein aus Schaum, Gummi, Teppich oder selbstklebender Fensterisolierung, Schrauben und Kleber gefertigtes Polster.

Außer bei den kürzeren Brettern (1,80 m) kann man dabei den Abstand der Anschläge entsprechend dem persönlichen Programm verstellbar anbringen. Das erweist sich als besonders nützlich, wenn du vor hast, das Gleitboard mit jemandem zu teilen. Die Regulierbarkeit erreichst du dadurch, daß du einen Bumper fest auf einer Seite des Boards anbringst und an der anderen Seite variabel läßt. Bohr Löcher in einem Abstand von 15 cm bis zu einem Meter von der Seite ausgehend in das Board. Hast du die Absicht, den Anschlag häufig zu verändern, dann solltest du Muttern und Bolzen anstelle von Schrauben verwenden (vergiß dabei die Unterlegscheiben nicht), die wiederum das Holz splittern lassen könnten. Auf der Boardbodenseite befestigst du die Bolzen so, daß sie den Boden des Raumes nicht verkratzen. Achte darauf, daß du die Löcher nur in den Seiten des Boards machst und nicht in der Mitte.

Das Polster für den Seitenanschlag wird am Holz festgemacht und sollte dick genug sein (2,5 cm mindestens), um dich nicht zu verletzen. Zu dick sollte es allerdings auch nicht sein, denn dann kannst du schlecht stoppen.

Schließlich darf das Board unter dir nicht wegrutschen. Such nach einem rutschfesten Material als Belag für die Unterseite. Was du dafür benutzt, hängt von der Oberfläche ab, auf der das Board steht: Teppich, Holz, Linoleum etc.

Ich habe herausgefunden, daß ein Stückchen Schaumteppichpolster gut auf Holzboden und Fliesen funktioniert. Gummi von Autoreifen ist gut für Teppichboden, kann aber bei häufigem Gebrauch die Oberfläche ruinieren. Natürlich könntest du das Board auch an den Boden nageln, allerdings verkleinert das deinen Lebensraum. Außerdem ist wohl kaum damit zu rechnen, daß dein Vermieter beglückt sein wird. Am besten experimentierst du mit verschiedenen Materialien, bis du die richtige Kombination für deine persönlichen Bedürfnisse gefunden hast.

Tip: Wenn der Raum klein ist, kannst du dein schön gefertigtes Gleitboard in einen Tisch oder eine Arbeitsplatte umwandeln, indem du es auf zwei Holzböcke legst.

Vorbereitung: Bevor du überhaupt mit dem Trainingsprogramm startest, behandelst du die Boardoberfläche mit Holzpolitur oder Wachs. Das macht die Oberfläche glatter und damit das Gleiten leichter. Achte dabei darauf, daß sich auf der Oberfläche nicht Wachs, Schmutz oder Feuchtigkeit (besonders Schweiß) sammeln, was die Gleitfähigkeit ebenfalls beeinträchtigen würde. Zieh ein Paar dicke Wollsocken über flache, absatzlose Schuhe oder, wenn die Abstoßpolster dick genug sind, direkt über die Füße. Steig mit den Socken sofort auf das Board, ohne vorher überall herumzugehen. Halt sowohl die Socken als auch das Board frei von Schmutz und Sand, dann gleitest du störungsfreier. Falls irgend möglich, sollte das Board vor einem Spiegel stehen, in dem du dich und deine Körperhaltung über den ganzen Ablauf hin beobachten kannst.

Körperhaltung: Je tiefer der Körper gebeugt wird, desto länger werden die Schritte sein, je länger die Schritte, desto länger das Gleiten. Klingt das vertraut? Ja klar, die Prinzipien beim Skating bewahrheiten sich auch auf dem Board.

Runtergehen in die Schnellaufposition, die Ellbogen auf die Knie legen, das Kinn in die Hände. Knie und Oberkörper sollten in einem 90-Grad-Winkel gebeugt sein. Der Blick geht nach vorn und hoch. Schultern und Hüften befinden sich parallel zum Boden, das Gewicht ist leicht vom Vorderfuß zurückgenommen.

Das Gleiten: Es geht los mit ungefähr sechs einzelnen Schritten, langsam steigern, wenn du dich stärker fühlst und mit dem Gleiten erfahrener wirst. Mach dich mit der Oberfläche vertraut und dem Gleiten auf dem Board. Schaffst du es am Anfang noch nicht, über die volle Länge des Boards zu gleiten, von Abstoß zu Abstoß, solltest du nicht gleich frustriert sein. Jede neue Sportart, jedes neue Gerät erfordert Übung und Geduld.

Bevor du anfängst, räum alles weg, worüber du fallen könntest: Stühle, Tische etc. (Ja, auch auf dem Board gibt es Hindernisse.) Gut wäre natürlich, wenn sich jemand für den Fall eines Sturzes in deiner Nähe aufhielte. Trag die Sicherheitsausrüstung, bis du mit dem Gleiten vertraut bist.

So wie wir es beim Schreiten auf Skates gelernt haben, stößt du dich ab und kommst durch Gewichtsverlagerung ins Gleiten. Auf dem Board wendest du dieselben Beschleunigungsmethoden wie auf den Skates an. Beides geht. Du wirst feststellen, daß das Training auf dem Board deine Technik auf der Straße verbessert.

1. Der Abstoß:

1. In gebeugter Haltung in der Mitte auf der linken Seite des Boards stehen, Füße parallel und zusammen. Die linke Seite des linken Fußes sollte den Anschlag berühren.
2. Vorsichtig mit dem linken Fuß zur Seite abstoßen, was dich in Richtung des gegenüberliegenden Anschlags bringt. Das linke Bein streckt sich in der Bewegung ganz aus, während das rechte, das Standbein, in seiner ursprünglichen Kniebeuge bleibt.
3. Während der Bewegung über das Board bleibt das linke Schwungbein ganz ausgestreckt, beide Füße sind dabei flach auf dem Board und parallel (die Fußspitzen zeigen nach vorn). Der Oberkörper bleibt in der gebeugten, horizontalen Stellung.

2. Das Kippen:

1. In derselben gebeugten Haltung wie oben beschrieben, die Füße parallel halten, der linke stößt gegen den linken Anschlag.
2. Den rechten Fuß leicht über dem linken Knöchel einige Zentimeter vom Board abheben.
3. Wie ein umfallender Baum langsam nach rechts kippen. Dabei die Schultern und Hüften parallel zum Board lassen. Bist du erst einmal über den normalen Gleichgewichtspunkt hinaus, bringst du ganz instinktiv den rechten Fuß nach vorne, um dich abzufangen. Der Fuß gleitet in die Bewegung hinein und du selbst nach rechts. In der gebeugten, ausgestreckten Körperhaltung wie oben beschrieben bleiben.

Rührst du dich etwa überhaupt nicht von der Stelle? Zurück an den Anschlag und erneut versuchen. Dieses Mal stößt du dich seitlich mit viel Kraft ab. Nach und nach wird es dir gelingen, über das ganze Board zu gleiten. Du wirst dich sicherer fühlen.

Aber paß auf! Wenn du einmal über das gesamte Board gleitest und Kontakt mit dem gegenüberliegenden Anschlag aufnimmst, dann könntest du das Gleichgewicht verlieren. Sei darauf vorbereitet, den Stoß dann mit dem gebeugten Standbein abzufangen. Nimmt der Fuß mit dem Anschlag Kontakt auf, dann bleibt der Bewegungsimpuls des Oberkörpers seitwärts gerichtet. So fällst du nicht über die Ecke, allerdings sollte der Abstoß nicht zu kräftig ausfallen.

Skaten auf dem Gleitboard

Recovery (Zurückkommen in die Grundhaltung): Genauso wie beim Skaten ist der Übergang vom Standbein zum Schwungbein eine fließende Bewegung. Beim Überqueren des Boards in einer weiten Gleithaltung werden die Füße durch das Zentrum zurück zusammen und in die Grundhaltung gebracht, als Vorbereitung auf den nächsten Schritt. Da du nun auf dem Board die Fahrt in eine Richtung gemacht hast, bereite dich auf die Umkehrung vor. Der abrupte Halt des Unterkörpers, wenn das Standbein mit dem Anschlag in Kontakt kommt, hilft beim Zurückkommen in die Grundhaltung. Dadurch bleibt der Oberkörper in einer seitlichen Richtung, bis du die Hüften über das Standbein gebracht hast. Zur gleichen Zeit werden die Beine zusammengezogen und gehen mit dem ausgestreckten Schwungbein (nun das zurückkommende) zurück, Knie und Fußspitzen zeigen nach vorne. Du solltest nun wieder in der Grundhaltung sein und dich auf den nächsten Abstoß und das Kippen vorbereiten.

Armhaltung: Das Board läßt dieselben Alternativen wie das Straßen-Skaten: Die Hände auf dem Rücken zusammennehmen oder einen Arm als Schwungarm einsetzen. Versuch alles. Du lernst dabei, Arme und Beine beim Skaten besser zu koordinieren.

Training: Den vollständigen Bewegungsablauf solltest du so lange üben, bis du einen ausgewogenen Rhythmus von Seite zu Seite gefunden hast. Fang mit einem fünfzehnminütigen Trainingsprogramm an. Nach und nach verlängerst du dann die Zeit, bis du das Gefühl hast, nun ein solides Trainingsprogramm für Herz und Kreislauf gefunden zu haben.
Dieses neue Spielzeug kann süchtig machen. Man kann sogar Leute zu Gleitboard-Parties einladen (aber halt das Buffet fern vom Board). Was mich zu der Frage bringt, wie man das Board mit Freunden teilt.
Zuerst einmal sollte die andere Person sich mit dem Board auskennen und eine gerade Linie halten können. Bei einem Board von mehr als einem Meter Breite stellt man sich in einer Diagonalen auf. Die vordere Person fällt in einen seitlichen Gleitrhythmus, während die hintere abwartet. Befindet sich die vordere in einer Diagonalen, sollte die hintere mit dem seitlichen Gleiten beginnen. Es ist dabei Aufgabe der hinteren, den Abstand zwischen beiden Personen zu regulieren, während die vordere so nah an der Ecke bleibt wie möglich. Hat man es erst einmal verstanden, dann bringt dieses Spiel Spaß. Am besten bleiben die Arme dabei auf dem Rücken, damit beide sich nicht gegenseitig verletzen.

Tips:
- Leg ein Handtuch so bereit, daß du dir, ohne unterbrechen zu müssen, schnell den Schweiß abwischen kannst.
- Wenn du vor hast, eine Pause zu machen, dann solltest du ein sauberes, trockenes Paar Socken für den nächsten Durchlauf bereitliegen haben.
- Bist du auf dem Board fertig, stell es zur Seite, um Verletzungen vorzubeugen. Es müßte ja nur jemand darauftreten oder es kippen. Dadurch könnte die Oberfläche zerkratzt werden, ganz zu schweigen davon, daß sich jemand weh tun könnte.

Cross-Training

Die Übungen und Bewegungen des In-Line-Skating stehen in einem engen Zusammenhang mit anderen Sportarten: Eislaufen, Radfahren, Skilaufen und Schwimmen, um nur einige zu nennen. Diese Aktivitäten zusammen mit dem Skating machen dich fit. Mehrere Sportarten bedeuten mehr Spaß am Variieren, besonders dann, wenn eine die andere ergänzt. Im folgenden einige Training-Tips:

Eislaufen: Ob es nun Schnell-, Kunstlaufen oder Eishockey ist, eine der dem Skating nächsten Sportarten findet auf dem Eis statt. Doch wer lebt schon in der Nähe eines olympischen Trainingslagers oder an einem holländischen Kanal? Da bleibt dann meist nur die Eisbahn. Aber auch dort kann man das Übersetzen in der Kurve und die Geradeaustechniken verfeinern und ebenso mit einigen verrückten Freestyle-Bewegungen experimentieren. Ein gut abgerundetes Geschwindigkeitstraining ist eine Mischung aus einigen kurzen Sprints mit langen, langsamen Intervallen. Dabei solltest du allerdings unbedingt auf deine Umgebung achten.

Radfahren: Egal, ob es sich um normales Radfahren draußen oder das Training drinnen handelt, anstelle die ganze Zeit nur stur auf dem Sattel zu sitzen, stellst du dich auf und trittst in die Pedale. Diese stehende Haltung zwingt dich dazu, mit den Hüft- und Pomuskeln zu arbeiten, die ganz wesentlich für gutes Skating sind.

Schwimmen: Der gesunde Effekt des Schwimmens als eine der besten Übungsformen «ohne Belastung» ist bekannt. In der Tat stärken die meisten Schwimmbewegungen den Skater: der Armschlag den Oberkörper und der Beinschlag die untere Körperhälfte. Eine Bewegung, die exakt die Muskelgruppen anspricht, die für einen starken Schritt sorgen, bietet das Brustschwimmen, genauer gesagt, der Beinstoß beim Brustschwimmen. Normalerweise bewegen sich die Beine dabei wie Froschbeine, ein Beugen und Strecken der Knie. Zur Kräftigung und Verbesserung der Skating-Techniken solltest du die Beine ganz ausgestreckt in der nach außen und innen stoßenden Bewegung halten. Das Wasser bietet ausgezeichneten Widerstand, und den wirst du mit Sicherheit in deinen Pomuskeln und Innenschenkeln spüren.

Die meisten Übungen aus dem Widerstandstraining lassen sich auch gut im Wasser machen. Heutzutage nennt man es «Aqua-Aerobic».

Skilaufen

Alpin: Die Schwerkraft auf den gebeugten Knien stärken Quadrizeps und Oberschenkelmuskel. Die verschiedenen Slalombewegungen abwärts sind auch leicht auf das Skaten zu übertragen und verbessern die Technik.

Nordisch: Während das Schwimmen eine Super-Übung ist, stellt Skilanglauf die beste allumfassende aerobe Aktivität überhaupt dar. Die rhythmische Schwingaktion der Arme zusammen mit den gleichmäßigen Gleitbewegungen der Beine bedeutet für den Körper ein vollkommenes Wintertraining. Aber warte, dasselbe funktioniert auch auf Skates, und du brauchst keinen Schnee oder Stöcke. Du mußt nur so tun, als hättest du Stöcke in den Händen, und den Armschwung simulieren. (Der Armschwung wird in Kapitel 7 beschrieben.)

Ich habe schon Leute mit Gewichten in den Händen Skilaufen sehen. Während das zur Stärkung der Armkraft beitragen kann, erhöht es gleichzeitig die Gefahr, aus dem Gleichgewicht zu kommen und zu stürzen.

Tanzen: Ja, auch etwas so Schönes und Geselliges wie Tanzen kann Cross-Training sein. Sei es nun Hip-Hop, Disco, Standard oder selbst Square Dance, die rhythmische Bewegung des Körpers (selbst wenn es keinen Rhythmus gibt) pumpt das Blut durch die Adern und bewegt die Muskeln. Und darum geht es doch in dem gesamten Kapitel, oder?

13 Schnellauftraining

Es gibt Dutzende von Büchern über Lauf- und Zirkeltraining auf dem Markt, die jeden nur denkbaren Typus der Trainings- und Schnellaufmethoden vermitteln wollen. Meist allerdings sind die Trainingsprogramme nur für Profis nachvollziehbar. Mir geht es aber um etwas anderes: Es soll einfach und gut anwendbar für jeden sein. Also bleiben wir bei den grundlegenden Übungen. Wichtig ist doch, überhaupt erst einmal anzufangen. Fortgeschrittene können sich dann immer noch weiter informieren.

Beim Schnellauftraining ist es am wichtigsten, sich selbst Zeit zu geben, um nach und nach die eigenen Möglichkeiten auszubauen. Sofort an einem Rennen teilnehmen zu wollen, ist blanker Unsinn. Man sehe nur die Wochenend-Sportler, die zu hart mit sich sind, mit ihren gerissenen Bändern, gezerrten Muskeln, schnellen Ermüdungserscheinungen. Selbst Herzanfälle sind keine Seltenheit. Ein trainierter Sportler in einer anderen Sportart oder jemand, der sein Widerstands- und Gewichtstraining absolviert, sich also in guter körperlicher Verfassung befindet, wird wahrscheinlich zwei, drei Monate richtig für ein Rennen trainieren müssen.

Das meint nicht notwendigerweise, den Sieg schon im allerersten Wettkampf in der Tasche zu haben, gibt aber reelle Chancen, persönliche Bestleistungen zu vollbringen.

Das größte Hinternis, mit dem sich die meisten Leute konfrontiert sehen, ist das Zeitproblem. Weltklasse-Sportler verbringen täglich mindestens fünf Stunden beim Training und Cross Training, mit ein bis zwei Tagen Pause. Wer einer normalen Beschäftigung nachgeht und auch noch ein Privatleben hat, für den wird es schwierig. Aber wer unbedingt eine Legende werden und vielleicht Einfluß auf diese neue und aufregende Sportart nehmen will, der findet immer einen Weg, seinem schon vollen 24-Stunden-Tag einige Stunden abzuknapsen.

Schnellaufwettkämpfe finden überall statt, an jedem nur vorstellbaren Ort. Von kurzen Straßenrennen über Langlauf bis zu zahlreichen Runden um einen Parkplatz. Topographie und Strecken variieren. Es kann sich um einen 100-Meter-Sprint handeln und sich zu einer 85-Meilen-Strecke oder gar zu

einem Ultramarathon auswachsen. Meistens aber haben die Strecken eine Länge von 5 und 10 km. Diese Distanzen ziehen die größte Teilnehmerzahl an und können von den meisten auch bewältigt werden.
Die Trainingsdiät sollte abgestimmt sein auf die jeweilige Streckenlänge sowie der Konzentration auf Kraft dienen. Als Allround-Sportler mit dem Wunsch, auf verschiedenen Strecken mithalten zu können, muß man ein variierendes Trainingsprogramm haben.
Ein individuelles Programm entsprechend den jeweiligen speziellen körperlichen Erfordernissen zu entwerfen, ist die Aufgabe eines Coaches. Es gibt allerdings ein Trainingsprogramm, das von den meisten akzeptiert wird: *Fartlek*. Es ist eine weitverbreitete Methode aus Skandinavien. Fartlek heißt «Geschwindigkeitsspiel» auf schwedisch und war ursprünglich dafür gedacht, den Läufern eine Abwechslung zu ihrer täglichen Routine zu bieten. Es kann eine Vielzahl von kontinuierlichen Trainingsalternativen enthalten und kombinieren, ist nicht auf Ausdauer, Sprint, Stretching, Kurventechniken, Isometrik und (wenn du einen Platz für deine Skates findest) Jogging beschränkt – jede verwandte Übung, die die Muskulatur anspricht, ist möglich.
In einer 45-Minuten-Spanne kannst du dein Skatingtraining beispielsweise mit zweimal fünfzehn Minuten langsamen technischen Distanzen und mit viermal dreißig Minuten Schnellkraftaktionen mischen und unterstützen. Füge dreimal fünf Minuten Eierlaufen hangaufwärts hinzu, und geh dann wieder auf zweimal fünfzehn Minuten langsame technische Distanzen zurück. Höre mit einem 5-Minuten-Sprint und einem 5-Minuten-Dehnen auf. Jede Kombination funktioniert, solange sie kontinuierlich ausgeführt wird. Das erste Ziel ist, ein körperlich forderndes Training zu haben, das dein Interesse und deine Motivation aufrecht hält. Ebenso wie beim Widerstands- und Gewichtstraining kannst du die Länge oder die Anzahl der Wiederholungen für jede einzelne Übung erhöhen, solange es in einen allgemeinen, fortschreitenden Trainingsplan paßt.

Trainingsplan für die Straße

Ein starker Skater ist technisch korrekt. Viele der Top-Rollsportler geben zu, daß Technik bis zu 70 Prozent zum Sieg beiträgt. Also achte beim Training immer auf deine Körper- und Skate-Haltungen.

Die Variationen und Distanzen während deines Trainings sollten zum Tag des Rennens hin verstärkt werden. Und wieder: Gib dir zwei, drei Monate Trainingszeit, um Ausdauer und Kraft zu stärken. Zur Bewältigung einer Ultramarathonstrecke ist eine längere Zeitspanne vonnöten.

Beispiel für einen Trainingsplan auf der Straße: Fang in den ersten beiden Wochen mit langen langsamen Distanzen an (LLD). Versuche, zwischen ca. 30 bis 48 km pro Woche zu schaffen. Das scheint viel zu sein, bedeutet aber nur 8 km am Tag, und das fünf Tage lang. Der durchschnittliche Anfänger kann eine solche Strecke in weniger als dreißig Minuten zurücklegen. Natürlich, solltest du dich mit einer längeren Strecke besser fühlen, dann bitte schön. Steigere die Strecke wenn möglich um 1,5 km pro Tag. In den folgenden sechs Wochen sollte das LLD mit Intervalltraining kombiniert werden, mit Hängen, Sprints und Fartlek. Stell dich in der letzten Woche vor dem Rennen auf eine weniger harte Trainingsperiode ein: LLD, Radfahren, leichtere Kombinationen. In der Woche heißt es an der Technik feilen. Der Tag vor dem Wettkampf sollte einen Skate-Zustands-Check enthalten, kohlehydratbeladen (Pasta) sein und ausgesprochen viel Zeit bieten, damit du dich geistig auf das Ereignis einstellen kannst.
Intervalltraining: Intervall bedeutet intensives Wiederholen von Strecken mit begrenzten Pausen dazwischen. Das Ziel eines Intervalltrainings ist es, den Herzschlag auf 150 bis 180 Schläge in der Minute zu steigern, dann in der Erholungsphase wieder auf 120 bis 140 zu senken. Dieses aggressive Steigern und Senken des Blutdrucks stärkt das Herz und vergrößert die Muskeln. Abhängig vom Alter und dem allgemeinen Gesundheitszustand von Herz und Kreislauf solltest du dir eine Distanz und Geschwindigkeit vornehmen, bei der das Herz pumpen muß. Ist der gewünschte Pulsschlag erreicht, verlangsamen und zu einem technischen Schritt übergehen, bis der Puls wieder auf 120 bis 140 gefallen ist. Nie abrupt aufhören. Noch einmal steigern. Wenn sich Körper und Herz an dieses Steigern gewöhnt haben, wirst du sowohl Geschwindigkeit als auch Strecke vergrößern müssen, um einen 180er Herzschlag zu erreichen.
Steigung: Einen steilen Hang in schnellem Tempo hinaufzuklettern trainiert Beinmuskeln und Herz und bereitet auf ein Berg-und-Tal-Rennen vor.
Sprints: Kurze, schnelle Schritte üben. Diese Technik erweist sich als essentiell an der Startline, beim Überholen während des Laufs oder in der Zielgeraden.

Tips: Leute, die allein trainieren, werden leicht faul und treiben sich nicht zu optimalen Leistungen an. Wenn es beim Straßentraining möglich ist, solltest du versuchen, einen Trainingspartner zu finden. Wenn er schneller ist als du, aber mit dir arbeiten will, um so besser. Das wird dir diesen extra Push geben und dich motivieren.
Ein gutes Beispiel eines verbreiteten Cross-Trainingsprogramms ist eines, das einige Mitglieder des *Kryptonics Schnellaufteams* aus Boulder, Colorado, machen. Bei ihnen sieht eine typische Trainingswoche folgendermaßen aus:

Dienstag:	Ein bis zwei Stunden aerobes Training (laufen oder radfahren). Zwei Stunden unter Aufsicht Straßen-Skaten mit eingeschlossenen Intervallen und Sprints. Leichtes Unterkörpergewichtheben.
Mittwoch:	Ein bis zwei Stunden aerobes Training. Schweres Unterkörpergewichtheben.
Donnerstag:	Pause
Freitag:	Ein bis zwei Stunden aerobes Training. Zwei Stunden Eislauf. Oberkörpergewichtheben.
Samstag:	Rennen oder Trockenübungen (z. B. Gleitboard). Ein bis zwei Stunden Aerobic.
Sonntag:	Rennen oder Technikübungen oder auch eine Eislaufsession.
Montag:	Pause

14 Schmerzen und Verletzungen

Skating ist eine der besten aeroben Aktivitäten für Herz und Kreislauf mit niedriger Belastung. Obgleich es dem leidenschaftlichen und weniger leidenschaftlichen Sportler Stunden der gesunden Freude bieten kann, gibt es immer auch ein Risiko dabei. Du kennst sicher den Spruch: «Ohne Fleiß kein Preis»? Nun, auf das Skaten paßt das.

Stürze

Natürlich gibt es die offensichtlichen «plötzlichen Belastungen», die Skater zu Orthopäden, Chiropraktikern und all den anderen Knochen- und Muskelklempnern schicken. Der Schmerz ist die Folge von Verletzungen bei Stürzen. Am häufigsten trifft es die Knochen und Bänder der Handgelenke, den unteren Rücken, Schultern, Hüften, Ellbogen, Knie und Kopf (nicht notwendigerweise in dieser Reihenfolge). Die Mehrheit dieser Brüche, Kratzer und Zerrungen hätten durch das einfache Tragen von Schutzausrüstung und vorherigen Unterricht vermieden werden können. Nimm jetzt einfach einmal an, du bist entsprechend vorbereitet, daß dir der Start keine Angst macht. Doch je mehr du deinen Skating-Fertigkeiten vertraust, dich besser und erfahrener fühlst, desto mehr möchtest du erreichen. Je mehr du dich selbst zwingst, desto wahrscheinlicher ist es, gefährlich zu stürzen, dir eine Zerrung oder Schlimmeres zuzuziehen.

Ganz allgemein gesagt: Kein Schmerz oder Kratzer darf auf die leichte Schulter genommen werden. Sofortige Versorgung ist angesagt. Ich habe zu viele Skater gesehen, die Rückenbeschwerden einfach ignorierten oder eine einfache Abschürfung unbeachtet ließen. Innerhalb kurzer Zeit können diese scheinbar geringfügigen Schmerzen eskalieren und dich möglicherweise für einige Zeit außer Gefecht setzen. Die beste Politik dagegen ist folgende: Zuerst Vorsorge und zweitens Aufmerksamkeit. Trage immer ein Erste-Hilfe-Set bei dir. Man kann nie wissen, wann man es selbst oder für jemand anderen benötigen könnte. Ganz davon abgesehen erweisen sich

Samaritereinsätze als gute Kontaktmöglichkeiten. Das Set sollte folgendes beinhalten: Heftpflaster/Verband in verschiedenen Größen, eine Schere, antibiotische Salbe, antiseptische Tüchlein, Leukosil und Sonnenschutz. Das reicht für die einfache, schnelle Hilfe. Bei einem ernsthafteren Unfall ist ohnehin die Ambulanz eines Krankenhauses oder ein Arzt zu empfehlen.
Im folgenden führe ich einige der ganz üblichen körperlichen Probleme an, die sich aus einem aktiven Skating-Lifestyle ergeben können, zusammen mit Vorschlägen zur Vermeidung und Versorgung. Bei Zweifeln solltest du immer einen Arzt konsultieren.

Fallstricke

1. Kratzer und Schürfwunden: Werden auch «Road-Ausschlag» genannt, können zu jeder Zeit auftreten, wenn die Haut direkten oder indirekten Kontakt mit der Pflasterung macht.
Vorsorge: Weder ein undurchlässiger Ganz-Körper-Anzug noch Lycra schützen immer zuverlässig vor Verletzungen der äußeren Hautschichten. Natürlich wird die Verletzungsgefahr verringert, und außerdem wärmt ein solcher Anzug.
Vorsicht: Wenn die Epidermis (die äußere Hautschicht) einer unsauberen Straßenoberfläche ausgesetzt ist, sind Infektionen nie ausgeschlossen. Die betroffene Stelle immer sofort mit Wasser auswaschen und/oder mit einem antiseptischen Tuch abwischen, die Blutung durch direkten Druck auf die Wunde mit einem sterilen Tüchlein stoppen. Danach antiseptische Salbe darauf geben und mit einem Verband abdecken und sauberhalten, bis sie medizinisch versorgt wird. Auch ein Do-It-Yourself-Mensch sollte sich immer der Infektionsgefahr bewußt sein. Keine Wunde sollte einfach so hingenommen werden. Auch während des Heilungsprozesses ist die empfindliche neue Haut schutzbedürftig und sollte nicht der Sonne ausgesetzt werden. Es könnte sonst Vernarbungen geben. Trag einen Verband oder benutze hohen Lichtschutzfaktor, bis die Stelle ganz verheilt ist.

2. Druckstellen am Fuß: Beständiges Reiben einer Hautpartie im Stiefel kann der Grund für mögliche Reizungen und gehörige Beschwerden sein. Das heißt nicht notwendigerweise, daß der Stiefel nicht paßt. Es zeigt nur, daß es eine Stelle im Stiefel gibt, die nicht perfekt mit dem Fuß übereinstimmt. Selbst Leute, die angegossene, fußgerechte Stiefel kaufen, können dies Problem haben. Natürlich, sollte der Stiefel in Länge und Breite zu groß sein, dann hat der Fuß zuviel Spielraum, und die Gefahr der Reizung ist größer. Ignorierst du so etwas, gibt es leicht eine Infektion, meistens ein Hühnerauge.

Vorsorge: Kauf Stiefel, die bequem, aber nicht eng sitzen. Trag zwei Schichten von dünnen Socken: Polypropylen direkt auf der Haut (das absorbiert die Feuchtigkeit) und leichte Baumwolle als zweite Schicht. Dicke Wollsocken krumpeln nur im Stiefel, was andere Druckstellen bedeuten könnte.

Vorsicht: Beim ersten Anzeichen von Unbequemlichkeit zuerst die Socken hochziehen, dann den Stiefellatz. Diese einfache Prozedur nimmt schon häufig den Druck. Wenn nicht, zieh Skates und Socken aus und sieh dir die gereizte Stelle an. Sie wird wahrscheinlich druckempfindlich sein. Wenn die Haut gerissen ist, mach das, was ich oben beschrieben habe. Das beste wäre, für den Tag die Skates an den Nagel zu hängen. Die Stelle weiter zu reizen wäre ganz schlecht.

Das nächste Mal, wenn du draußen bist, lege, bevor du die Socken anziehst, eine dünne Schicht Leukosil als Schutz auf die angegriffene Hautpartie. Eine andere Möglichkeit ist, Vaseline zu benutzen, um jeglichem Scheuern vorzubeugen. Vielleicht kannst du den Stiefel zusätzlich leicht an der entsprechenden Stelle dehnen, so daß du beim nächsten Mal auf die Vorsichtsmaßnahme verzichten kannst.

Die entsprechende Stelle des Stiefels kannst du auch vorsichtig mit einem Fön erwärmen. Während der gesamten Aktion einschließlich des Abkühlens des Stiefels befindet sich der Fuß im Stiefel, die Druckstelle hast du vorher mit einem Polster versehen.

3. Verkrampfungen: Ein Muskelkrampf kann jederzeit auftreten, wenn der Körper durch Schwitzen Wasser und Salz verliert oder ungewöhnlicher Druck auf den Muskeln lastet. Bei aktiven Skatern verkürzen und krampfen gelegentlich verschiedene Muskeln. Nach meiner Erfahrung mit Vorliebe in den Füßen, Waden, Schenkeln und, ernsthafter, im Bauch, was auch ein Zeichen von einem Hitzekrampf sein kann.

Vorsorge: Vorher und nachher dehnen. Ein Krampf in den Füßen, meistens der Sohle, kann bedeuten, daß die Stiefel zu eng sind oder die Füße sich erst langsam an die neuen Innenstiefel gewöhnen. Orthopädische Einlagen helfen manchmal, machen den Stiefel aber oftmals zu eng. Wer glaubt, Einlagen zu benötigen, sollte sie beim Stiefelkauf gleich ausprobieren.

Vorsicht: Stiefel ausziehen und die Muskeln entspannen. Festen Druck mit den Händen auf die verkrampften Muskeln ausüben und die Stelle leicht massieren, bis die Spannung nachläßt. Ist der Krampf vorbei, einige Minuten verstreichen lassen, bevor du dich wieder auf die Füße stellst.

4. Knie: Um das Knie kümmert man sich meist gar nicht, obwohl es eines der ganz wichtigen Körperteile ist. Es fängt die meisten Belastungen auf: das eigene Körpergewicht, bei Drehungen, Kurven und Richtungswechseln beim Skaten. Wegen der natürlichen Bewegung und der Körperhaltung beim Skaten – Nase, Knie, Fußspitzen – solltest du dich besonders darum bemühen, Knieverletzungen vorzubeugen. Einige Leute werden dort zwar nie Schmerzen haben, trotzdem sollte jeder In-Liner immer auf mögliche frühe Anzeichen achten: pochender Schmerz unter und um die Kniescheibe (Patella), Knack- oder Knirschgeräusche beim Beugen des Knies und das Schließen des Knorpels (das ist übel). Diese Anzeichen könnten nichts bedeuten. Trotzdem ist es immer besser, das Knie untersuchen zu lassen.
Vorsorge: Ein Dehnen zum Aufwärmen vorher und nachher wird die Muskeln um das Knie herum flexibel halten. Eine Stärkung der Quadrizepsmuskulatur um die Knie nimmt einigen Druck von den Knien. (Siehe Kapitel 12)
Vorsicht: Bei Schmerzen immer mit dem Skaten aufhören. Leg Eis oder einen kalten Umschlag auf die Stelle und schone das Bein. Bei Schnellaufwettkämpfen könnten sich die Knie wegen der niedrigen, zusammengekauerten Haltung über eine beträchtliche Zeitspanne schließen. In dem Fall das Knie beim Zurückkommen im Schritt an die Brust ziehen und das Bein dann vor dem nächsten Schritt parallel absetzen. Einige Male versuchen. Die Muskeln sollten sich dadurch lösen.

5. Rücken und Nacken: Schnelläufer sind diejenigen, die am häufigsten unter Rücken- und Nackenschmerzen zu leiden haben. In der korrekten Skatinghaltung erzeugt die konstante Vorwärtsbeugung in der Taille einen Druck auf dem Rücken, während das Hochhalten des Kopfes Nackenzerrungen begünstigt.
Vorsicht: Während des Trainings oder eines Rennens beim ersten Anzeichen eines Schmerzes im Rücken aufrecht hinstellen und die Muskeln dehnen. Körperwellen sind dann angebracht (siehe Kapitel 4), die du auch beim Rollen machen kannst. Die aufrechte Haltung gibt den Muskeln die Möglichkeit, den Krampf zu stoppen. Zur Nackenentspannung den Kopf hängen lassen, dann zu den Seiten nehmen. Jeweils 30 Sekunden lang halten.

Vorsorge: Um es zu wiederholen: Vorm Laufen immer erst leicht aufwärmen und dehnen. Richtig aufgebaute Bauchmuskulatur dient dazu, das Gewicht vom Rücken auf den Bauchbereich zu verlagern. Starke Nackenmuskeln sind zweifellos ebenfalls nützlich.

6. Entwässerung (Dehydration) und Wärme: Das Schwitzen bei jedweder Anstrengung, kombiniert mit außerordentlicher Wärme und unzureichender Flüssigkeitszufuhr, kann den Körper auf ganz verschiedene Weise angreifen. Hitzekrämpfe, Sonnenstich und Hitzschlag sind einige der ernsten Folgen.
Vorsorge: Beim Laufen viel Wasser trinken, auch wenn du nicht durstig bist. Du solltest immer eine gefüllte Wasserflasche bei dir haben. Wenn du anfängst, dich schwach zu fühlen: stoppen, entspannen, etwas trinken und darauf warten, daß die Kraft zurückkehrt.

1. Hitzekrämpfe:
   Symptome: Krämpfe gewöhnlich in den Beinen und im Magen.
   Erste Hilfe: Massage, um die Krämpfe zu verringern, und das Trinken von kleinen Mengen Salzwasser (sofern erhältlich).
2. Sonnenstich:
   Symptome: blasse und feuchte Haut, Übelkeit, Benommenheit, Schwäche, Ohnmacht.
   Erste Hilfe: Such dir eine kühle, schattige Ecke. Lockere die Kleidung, leg dich auf den Rücken und lagere deine Beine 20 bis 30 cm hoch. Salzwasser in kleinen Schlucken trinken. Bei Erbrechen nicht weitertrinken und direkt ins Krankenhaus begeben.
3. Hitzschlag:
   Symptome: Extrem erhöhte Körpertemperatur mit trockener Haut (kein Schweiß), rot und heiß. Der Puls geht schnell, und die Person ist bewußtlos.
   Erste Hilfe: Sofort versuchen, dem Körper Kühlung mit kalten Umschlägen oder durch Einreiben mit Alkohol zu verschaffen, bis die Körpertemperatur auf den Normalzustand abgesunken ist. Fächern oder Air-condition wird die Kühlung unterstützen. Direkt ins Krankenhaus.

15 Spaß, Spiele und eine nette Geschichte

Ob du nun an Jahren oder nur im Herzen jung bist, egal, hast du dich erst einmal der neuen Welt des In-Line-Skatings geöffnet, dann bedeutet das keineswegs eine eingeschränkte Teilnahme an organisiertem Sport wie Skaterhockey oder Schnellauf. Erweitere deinen Horizont mit neuen spaßigen Dingen, erfinde eigene Spiele, die man auf Rollen machen kann. Die aufregendsten Sachen auf Skates erfordern nur ein wenig Kreativität. Man braucht nur einen offenen (verkehrsfreien) Parkplatz und ein wenig Phantasie.

Frisbee-Football: Spiel zuerst Frisbee (oder benutz eine andere Wurfscheibe). Wegen der Handgelenkschützer mußt du wahrscheinlich die normale Handstellung beim Werfen und Fangen verändern. Ein Kinderspiel. Nun such dir eine Ziellinie und fang an. Es ähnelt dem Football, nur daß du dich auf Rollen bewegst.

Basketball: Ja, auch das kann man auf Rollen spielen. Man muß nur Sprung und Korbleger vermeiden, da die Landung dich ein wenig aus dem Gleichgewicht bringen könnte.

Wind-Skating: An einem windigen Tag nimmst du einen Drachen mit hinaus. Achte auf alle möglichen Straßenhindernisse, bevor du loslegst. Halte den Drachen am horizontalen Gestänge und laß dich vom Wind ziehen. Selbst ein kleiner Drachen ist geeignet. Bei mehr Übung kann das Segel auch größer sein. Versuche, wie die Surfer im Wind zu lavieren. Die beste Körperhaltung dabei ist eine normale Beinschere oder ein äußerst weites Spreizen mit gebeugten Knien. Beide Haltungen ermöglichen es, sich langsam nach hinten zu lehnen und den Körper parallel zum Segel laufen zu lassen. Dadurch verbessert sich die Sicht auf die Straße, und die Stabilität vergrößert sich. Je stärker der Wind, desto mehr mußt du dich rückwärts hineinlehnen, um das Gleichgewicht zu halten.

Zeit zum Geschichtenerzählen

In den mehr als fünf Jahren, in denen ich In-Line-Skating trainiere und lehre, ist viel passiert, und es gibt etliche Geschichten, die mir in den Sinn kommen. Die folgende ist eine besondere Story.

Liebe auf Rollen: An einem kalten Herbsttag waren 15 Anfänger in meinem Skatingkurs. Die Stunde ging gut voran, und fast alle lernten gleichmäßig. Normalerweise fangen die Leute mit vergleichbaren Skating-Fertigkeiten, Schwierigkeiten und Interessen in einer Gruppenstunde an, umeinander herumzurollen. Am Ende der Stunde schafften wir es, auf einer Erhebung zu halten, und dann fuhr jeder in seinem eigenen Tempo runter, um das Gelernte anzuwenden. Am Abend erreichte mich zu Hause ein Hilfeanruf von einem meiner männlichen Schüler. Es schien, er hatte «die Traumskaterin» in der Gruppe getroffen, aber wegen der Aufregung, den Hang zu bewältigen, hatten sie vergessen, die Telefonnummern zu tauschen. So wie bei einem Arzt und seinen Patienten sind die persönlichen Daten meiner Schüler vertraulich, daher rief ich die mysteriöse Skaterin an. Bevor ich etwas zum Grund meines Anrufs sagen konnte, fragte sie mich nach dem Typen, und so konnte ich ihr seine Nummer geben. Mein Kupplerjob war getan. Zwei halb private Stunden und sechs Monate später erhielt ich die Einladung zu einer Hochzeit. Ich vertraue darauf, daß diese liebenden Skater immer noch glücklich zusammen rollen.

Du siehst, dem Spaß und selbst der Romantik auf den In-Line-Skates sind keine Grenzen gesetzt. Die Zukunft des In-Line-Skating beginnt gerade erst. Und du verfügst nun über die Grundlagen, dich daran zu erfreuen. Das allerwichtigste ist, hinauszugehen und auf Sicherheit zu achten.

See you on the road!

Tweaking

Anhang A Allgemeines

Reinigung

Schutzausrüstung: Nach einiger Zeit, entsprechend den Ausdünstungen und natürlichen Körpergerüchen, werden die Handgelenk-, Knie- und Ellenbogenschützer ein einzigartiges Aroma angenommen haben – eines, das man nur in feuchten, geschlossenen Räumen und in den Unterführungen von New York City findet. Schutzausrüstung sollte so oft wie möglich gewaschen werden. Um ihr Leben aber nicht unnötig zu verkürzen, empfehle ich eine Handwäsche in milder Seife und ein tropfnasses Aufhängen. Eine Waschmaschine und/oder ein Trockner werden das Material zerstören oder vielleicht schmelzen lassen. Zu häufiges Waschen läßt sich auch dadurch vermeiden, daß du die Schutzausrüstung mit Raumduft einsprühst, der Natriumbikarbonat enthält. Blütenduft zieht allerdings Mücken und Bienen an.
Eine andere einfache Waschmethode für die Schutzausrüstung wie auch für die Skatingbekleidung ist, sofort unter die Dusche zu steigen, wenn du zu Hause ankommst: Kein Teil wird vergessen, und alles wird sauber, trocken und frisch für den nächsten Tag sein.

Wenn du zu Hause losskatest, dann gibt es mehrere Gegenstände, die du mitnehmen mußt, und einiges, das du mitnehmen kannst. Pack alles zu einem Paket zusammen, dann brauchst du nicht umzukehren und damit deinen Skatingtag zu verkürzen.

Das Muß

Erste-Hilfe-Set: Du solltest wirklich immer auf die unvermeidlichen Abschürfungen vorbereitet sein und stets Pflaster, Verband, sterile Tüchlein, antibiotische Salbe, Sonnenschutz, Leukosil (für Schwielen), Vaseline und eine reflektierende Weste für das Skaten bei Nacht dabeihaben.

Werkzeuge: Nein, ich erwarte nicht, daß du deine Rollen beim Skaten auswuchtest. Aber es ist eine gute Idee, Schraubenschlüssel, Schraubenzieher oder was du sonst benötigst, um die Rollen und den Stopper festzuziehen, dabeizuhaben. Bei langen Fahrten solltest du ein oder zwei extra Lager (wenn du sie besitzt) mitnehmen, nur für den Fall, daß eins auf der Straße kaputtgeht. Eine der schlimmsten Sachen ist ein festgefahrenes Lager, wodurch du im wahrsten Sinne des Wortes paralysiert wirst. Das kann passieren, wenn du durch Wasser fährst und Schmutz in das Lager kommt. Ein Freund von mir hatte einmal eine Angelschnur zwischen einer Rolle und einem Bolzen. Er hatte weder Werkzeug noch Schuhe dabei und beendete seine Skating-Session, indem er barfuß fast 8 km nach Hause ging. Er schwor, nie wieder ohne das richtige Beiwerk von zu Hause loszulaufen.

Schuhe: Wenn man nach draußen geht, sollte man immer ein Paar Schuhe mitnehmen, für den Fall, daß es regnet oder man irgendwo hineingehen will, wo Skates verboten sind. (Tip: Wenn unnachgiebig auf die Einhaltung des Verbotes gepocht wird und kein berechtigter Grund besteht, dich nicht hineinzulassen, solltest du die äußeren Stiefel ausziehen und die Innenstiefel anbehalten.) Meiner Meinung nach sind die leichtesten und billigsten Schuhe, die man mitnehmen kann, die einfachen chinesischen Leinenschuhe. Man kann sie zusammenfalten und in die Jackentasche oder den Rucksack stecken. Turnschuhe sollten nicht am Gürtel befestigt oder über die Schulter geworfen werden. Du könntest sie beim Rollen leicht verlieren oder über sie stürzen und dich schlimm verletzen.

Wasser: Besonders wenn du an heißen Tagen trainierst oder dort, wo Trinkwasser nicht erhältlich ist, solltest du immer eine verschließbare Plastikflasche mit Wasser oder einem anderen Durstlöscher dabeihaben, um den Wasserverlust des Körpers auszugleichen. Ausgezeichneter Wasserersatz sind Getränke mit hohem Kohlehydratanteil oder sehr hohem Kaloriengehalt, die in den meisten Sportgeschäften und Reformhäusern erhältlich sind. Man kann unter Dutzenden wählen, wovon jedes behauptet, die einzigartige Formel zu besitzen. Die meisten enthalten Naturzucker – Fruchtzucker, Rohrzucker, Traubenzucker etc. –, um den Blutzucker zu halten, der bei extensivem Training verbrannt wird. Die Geschmacksrichtungen lesen sich wie ein Wörterbuch für Zitrusfruchtzüchter. Such dir die Marke aus, die du gerne trinkst. Schließlich handelt es sich nicht um eine Arznei, die du einnehmen mußt, um gesund zu bleiben... Es geht doch nur darum, genug Wasser im Körper zu speichern.

Snacks: Ob du nun ein Rennen läufst oder einfach nur herumrollst, Hunger kann fraglos im Magen kneifen. Du solltest eine Banane, eine Orange, einen Apfel oder irgendeine festere Frucht dabeihaben, an der du knabbern kannst. Natürlich gibt es immer auch den künstlichen Energieersatz, flüssigen beispielsweise, mit einem hohen Kohlehydratanteil (und auch Kalorienanteil) oder Kaugummi oder Bonbons. Mit wenigen Ausnahmen haben sie alle dasselbe Ergebnis: erhöhtes Energieniveau.

Das Wie

Das Muß, überhaupt etwas dabeizuhaben, ist fast ebenso wichtig wie das Wie. Sicherlich kannst du einen teuren Skatebeutel kaufen, aber bis jetzt habe ich keinen gesehen, der beim Rollen praktisch wäre. Daher also einige Vorschläge, wie du das, was du schon besitzt, sinnvoll nutzen kannst.

Rucksäcke: Der perfekte Skatebeutel für alle Gelegenheiten ist ein einfacher Rucksack. In die mittlere Größe kann man normalerweise die Skates, den Helm, Schutzausrüstung und Wasserflasche packen, in die Außentaschen das Erste-Hilfe-Set, Werkzeuge und diverse persönliche Dinge. Beim Skaten sollte der Rucksack tief auf dem Rücken hängen, eher in Richtung Hüften, damit er nicht in den Nacken rutscht, wenn du nach vorn fallen solltest.

Matchbeutel: Verwandle den Beutel in einen Rucksack. Wenn er zwei kürzere Griffe hat, die lang genug sind, dann steck einfach die Arme durch, und trag den Beutel auf dem Rücken. Wenn nicht, dann nimm die volle Länge des langen Riemens, halte den Beutel vorne und steck den rechten Arm durch die Öffnung, so daß der Riemen auf deiner Schulter sitzt. Nun schieb den Beutel auf den Rücken, und steck den linken Arm durch die Öffnung. Der Riemen liegt dann quer über deinem Genick und unter den Armen. Der Beutel sollte bequem und tief auf deinem Rücken Platz finden.

Hüfttasche: Natürlich kann man dort keine Skates hineinstecken, jedoch für all die anderen Sachen ist er toll. Einige haben sogar Taschen, in die eine Wasserflasche paßt. Ich habe ein einziges Modell gesehen, das einen extralangen Strohhalm hatte, so daß es keine Probleme gab, an die Flasche zu kommen.

Die Skates

Wenn du deine Skates nicht trägst, das aber später tun willst und keinen Rucksack oder ähnliches hast, hier einige einfache Tips, wie du die Skates tragen kannst.

Schnürsenkel: Haben die Skates Schnürsenkel, dann können die zusammengebunden und die Skates so über der Schulter getragen werden. Man kann auch ein weiteres Paar Schnürsenkel nehmen und es unten an den Skates festmachen und die dann mit der unteren Seite nach oben tragen.

Handgelenkschützer: Überraschenderweise bieten auch die Handgelenkschützer eine andere Tragemöglichkeit: Sie können zu Skate-Griffen verwandelt werden. Die meisten Schützer haben auf einer Seite einen langen und zwei kurze Riemen auf der anderen. Leg beide Schützer übereinander, so daß die Plastikschützer in eine Richtung zeigen. Befestige die beiden kurzen Riemen eines Schützers am Klettverschluß des anderen (der andere Riemen bleibt frei). So erhältst du auf jeder Seite einen langen Riemen. Schling die langen Riemen in entgegengesetzte Richtungen durch die Öffnung zwischen den Boden des Stiefels und der Grundplatte und befestige sie am Klettverschluß. Nun dreh sie um, greif nach dem Plastik und heb es hoch. (Mir ist klar, daß das leicht irritierend klingt, funktioniert aber. Außerdem hat diese Methode den Vorteil, daß du deine Handgelenkschützer nie vergessen wirst.)

Anhang B
Terminologie

Nachdem du einige Strecken auf deinen In-Line-Skates zurückgelegt und andere Skater getroffen hast, wirst du gemerkt haben, daß deren Sprache anders oder sogar ganz fremd ist. Nein, du befindest dich nicht auf einem anderen Planeten, du hast nur die Skating-Zone betreten. Wörter wie «klasse», «toll», selbst «geil» wirst du nicht mehr hören. Nun kannst du erwarten, «der Super-Roller-Typ» zu sein, der «den Asphalt aufreißt».
Jede neue Sportart nimmt sich die dichterische Freiheit, einige Wörter und Ausdrücke zu übernehmen und nur sich selbst zuzurechnen. Einiges ist neu, anderes entstammt verwandten Sportarten wie Rollschuh- oder Schlittschuhlaufen, dem Surfen oder Skateboarding. Skater benutzen viele der aufgeführten Begriffe, und einige kann man um die Slalomparcours hören, die ich in diesem Grundbuch nicht erwähnt habe. Ich habe nicht alles, was ich je gehört habe, aufgelistet, weil vieles regional bedingt ist und keine Allgemeingültigkeit besitzt. Übe dich in dieser neuen Sprache, so als würdest du Französisch oder Suaheli lernen. Die Eingeborenen sind freundlich und werden dich mit Sicherheit auf grammatikalische Fehler aufmerksam machen. Und dann, mit etwas Kreativität, wirst du selbst ein Wort oder einen Satz erfinden, der trägt und von der Skating-Gemeinde benutzt wird. Such danach.

Air: Wenn durch das Springen Höhe gewonnen wird (entweder vom Boden, einer Rampe oder Pipe), 180-Grad- und 360-Grad-Drehungen in der Luft

Airwalk: Große Schere mit den Beinen

Auto-Surf: Skate-Hitch-Hiking. Nach einem fahrenden Fahrzeug greifen. Laß das bleiben!

Axel: Skating-Figur mit einer halben Drehung: Doppel-Axel und Dreifach-Axel werden auch schon auf Skates praktiziert

Bail out: Jemanden retten. Du verlierst die Kontrolle, mußt irgendwie stoppen und suchst eine annehmbare Möglichkeit dafür. Zum Beispiel: Wenn du auf einem Hügel nicht anhalten kannst, dann roll auf den Rasen. Eine tolle Möglichkeit für das **Bail out**. (Nachdem du das Buch gelesen hast, dürfte dir das nicht mehr passieren.)

Bearing: Kugellager; dient dem glatten Drehen und Rollen
Carbs: Kurzform für Kohlehydrate, wie zum Beispiel in Pasta, am besten stopfst du dich vor dem Laufen damit voll
Carving: Das Laufen und Übersetzen in der Kurve im vertikalen Teil einer Pipe
Conehead: Kegelkopf; Individuen, völlig versunken in Slalomtechnik
Cones: Kegel; Hütchen in Eistütenform für Slalom
Cool: Sollte ausschließlich mit der richtigen Betonung benutzt werden, die Kurzform, «cool», meint, daß etwas einfach okay ist, die Langform, «cooell», die melodischer klingt, in der Wortmitte eine Oktave höher liegt, signalisiert größere Akzeptanz
Coping: Stahlrohr als Begrenzung an der höchsten Stelle einer Ramp oder Pipe
Diameter: Rollendurchmesser
Drafting: Wenn du hinter jemandem in dessen Windschatten gefangen bist (der niedrige Luftdruck, der durch den von einem Körper blockierten Wind erzeugt wird)
Drifting: Sich treiben lassen; über die vertikale Wand einer Pipe in eben diese Richtung fahren
Drop in: Von oben im Stehen in eine Pipe hineinfahren
Durometer: Rollenhärte, je höher die Zahl, desto härter die Rolle, wird in «A» angegeben
Fakie: Auf die Spitze einer Schleuse, Ramp oder Pipe fahren und, in dieselbe Richtung blickend, wieder herunterkommen
Freestyle: Allgemein gebräuchlicher Skater-Begriff für freies Skaten oder freie Bewegungen
Grass riding: Skaten auf Rasen
Half Pipe: Zwei Viertelröhren, die zu einer Halbröhre zusammengelegt werden, normalerweise von 2,40 m Minimalhöhe, um ausreichend Air zu haben für besondere Tricks
Independent: Slalom-Manöver aus einer extrem herausgedrehten Haltung heraus, die Beine gekreuzt, unabhängig voneinander
Invert: Wenn du auf einer Pipe in einen Handstand gehst und den Körper beim Herunterkommen drehst
Jammin': Bewegung mit schnellen Schritten
Kanten: Die Rollenschiene eines Skates zur Innenkante des Stiefels versetzen, um ein längeres Gleiten zu erreichen
Kicking some Asphalt: Skating

Not: Frei gebraucht als allgemeine Feststellung der Unzufriedenheit: «Wie geht es dir mit diesem regnerischen Tag?» – «Not!»

Power slide: Hockeystop

Power strap: Zusätzlicher Riemen, um den Rand oder die Stulpe des Stiefels zu befestigen

Power stride: Extra-Stoß am Ende eines Beinzuges

Radical: Extremes Manöver

Ramp: Hölzerne oder metallene Schanze, die dazu benutzt wird, Air zu bekommen, gewöhnlich 3 cm bis 1,20 m hoch; eine Variation davon ist die Spinne, das sind zwei höhere Rampen (ungefähr 1,20 bis 1,50 m, Rücken an Rücken)

Ripping: Tolle Fußarbeit

Road-Ausschlag: Ergebnis eines Sturzes, bei dem etwas Haut auf dem Fahrbelag zurückbleibt

Rocker: Mittlere Rollen werden zu einer Wippe heruntergesetzt, ergeben so eine kurvige Rollenlinie für ein schnelleres Übersetzen in der Kurve

Roller Dude und **Dudette**: Männlein und Weiblein

Rollhockey: Ursprünglich auf traditionellen Rollschuhen gespielt

Rotate: So wie das Rollenrotieren

Sculling: Eine Acht laufen, wobei alle Rollen auf dem Boden sind, auch Swizzeling genannt

Skating: Das sollte dir nun aber wirklich vertraut sein!

Skitching: Skate-Hitch-Hiking. Nach einem fahrenden Fahrzeug greifen – und ein riesiges Do not!

Slalom: Eine der grundlegenden Bewegungen von Seite zu Seite, eine Skilaufbewegung

Sliding Board: Eine flache, glatte, beschichtete Oberfläche mit gepolsterten Bumpern, dazu benutzt, Bewegung von Seite zu Seite zu simulieren

Stair riding: Treppen hinunterrollen

Stall: An der Kante einer Ramp oder einer Pipe stoppen

Stroller skating: Ein Kind in einem Kindersportwagen oder einem Schlitten auf eine Spritztour mitnehmen

Style: Eine Bewegung, die «cool» aussieht

Surfing: Eine Slalombewegung mit einer extrem nach außen gedrehten Bewegung, das hintere Bein folgt dem vorderen

Thrasing: Kontrollierte, heftige Skating-Bewegungen

Traditionals: Konventionelle Rollschuhe, werden auch Rollerskates genannt

Transition: Der Radius einer Kurve in einer Ramp oder einer Pipe
Tweaking: Das Springen, bei dem die Beine nach oben geknickt werden und zurück zur Seite
Übersetzen: Übersetzen der Beine in einer Kurve
Verticale: Die Höhe von der Transition bis zum Coping einer Ramp oder einer Pipe
Wall riding: An einer Wand oder einer vertikalen Oberfläche entlangrollen

Über den Autor

Joel Rappelfeld lehrt im Bundesstaat New York In-Line-Skating und hat ausführliche Lehrprogramme für Anfänger entworfen, die auch fortgeschrittene Skater benutzen können. Dabei vermittelte er Tausenden von Schülern die Kunst der sicheren Skating-Technik.

Joel Rappelfeld begann seine sportliche Laufbahn als Eisschnelläufer und wechselte schon bald zum Ultra-Marathon-Rolling und In-Line-Skating. Er hat mit einigen der weltbesten Eis- und Rollschuhsportler trainiert und ist im amerikanischen und internationalen Fernsehen mit seiner In-Line-Skating-Show-Truppe «Roll America» aufgetreten.

Die wichtigsten Kontaktadressen in Deutschland

Solltest du noch einen wichtigen Spot (=Adresse einer Skateanlage) finden, würde sich der HSF über eine entsprechende Nachricht sehr freuen und diese Information allen Skatern zur Verfügung stellen.

D. O. M. E.
Lürriper Str. 50
41065 Mönchengladbach
Minitramp-Landschaft; Halfpipe; Street; Bowl

Deutscher Rollsport-Bund e. V.
Frau Lilo Mengers
Am Grundweg 67
64342 Seeheim-Jugenheim
Tel.: 06257/82250
Rollschnellauf als Breitensport

DRB-Fachsparte-Skaterhockey (FSH)
Norbert Demmer
Im Taubental 17
41468 Neuss
Tel.: 02131/35578
Alles über Skatehockey

Deutscher Rollsport-Bund e. V. (DRB)
Geschäftsstelle
Thomas-Mann-Str. 6c
60439 Frankfurt/Main
DRB-Rollsport-Zeitschrift, DM 48,– jährl.

Eis- & Rollschuhbahn Wallanlagen
Holsten Wall (Mitte)
20355 Hamburg
Rollschuhbahn, Außenfläche: Beton

Hamburger-Skaterfreunde e. V. (HSF)
Stefan Greiert
Postfach 2104
25437 Tornesch
Tel.: 04122/56971
Allgemeine Skaterinfos

Roll Palast
Aubinger Str.
81243 München-Pasing
Tel.: 089/8345555
Rollschuhbahn, große Parkettbahn

Roller-Skating-Rink
Ingo Flake
Gröwenkolkstr. 85
45770 Marl-Sinsen
Tel.: 02365/84789
Rollschuhbahn, Halle

Skate Point (Top-Center)
Ropitzheimer Str. 190
53879 Euskirchen
Tel.: 02251/61912
Rollschuhbahn, Halle

Snake Run Leverkusen
beim Ulrich-Haberland-Stadion
Leverkusen
Snakerun; Halfpipe

Sportcenter Adelberg (Eissporthalle)
Familie Brennenstuhl
73099 Adelberg
Halfpipe; Miniramp; Street

Thomas-I-Punkt Skateland e. V.
Frank Martens
Amsinckstr. 70
20097 Hamburg
Tel.: 040/234458/Fax: 040/234060
Halle mit Miniramp; Halfpipe; Street; Bowl

Titus-Skate-Hall
Friedrich-Ebert-Str. 15
48153 Münster
Tel.: 0251/520000
Halfpipe; Miniramps; Halle